불행보다 먼저
일어나는 아침

불행보다 먼저 일어나는 아침

이윤학 산문집

문학의전당

누군가에게

내 상처가 천당이 될 수 있기를

작가의 말

언제부턴가 원룸을 옮겨 다니며 글을 쓰게 되었지요. 방충망의 모눈 한 칸으로 에델바이스가 핀다는 산정山頂을 바라보았지요. 내가 모르는 곳에 나를 두고 나와 함께 살아가는 꿈을 꾸었지요. 산정을 향해 불러본 내 이름……. 그건 불면의 밤을 함께해준 또 다른 당신의 이름이었습니다. 귀를 막고 눈을 가리고 살았지만 떠나지 않는 목소리와 변하지 않는 모습으로 당신은 나를 사랑해주었습니다. 당신이 어디에 있든 어디로 가든 내가 당신을 사랑할 차례라는 것을 압니다. 이제는 당신이 자초한 불행으로 아파할 때 내가 당신 안에 있겠습니다. 당신이 어디에 있든 어디로 가든 방충망의 모눈 한 칸으로 당신을 볼 수 있고 느낄 수 있습니다.

그동안 펴낸 산문집 『거울을 둘러싼 슬픔』(문학동네, 2000), 『푸른 자전거』(웅진닷컴, 2001), 『환장』(랜덤하우스중앙, 2005)에서 애착이 가는 글을 옮겨왔습니다. #4의 네 편의 글은 동화입니다.

오늘은 김광석이 부르는 「먼지가 되어」를 반복해 들어봅니다.

시를 써 봐도 모자란 당신…….

무화과에서 화이트 액이 말라가는 늦가을 햇볕

네오클래식 401호에서 이윤학

#2

#3

#4

#5

#1

어둠이 내릴 때 나는
저 커브 길을 펼 수도
구부릴 수도 있었지
저 커브 길 입구에
당신을 담을 수도 있었지
커브 길을 들어 올릴 수도
낭떠러지로 떨어뜨릴 수도 있었지
당신이 내게 오는 길이
저 커브 길밖에 없었을 때
나는 어디로도 가지 못했지
커브 길 밖에서는 언제나
푸른 자전거 벨이 울렸지

— 시, 「푸른 자전거」 전문

불행보다 먼저 일어나는 아침

초승달이 설산(雪山) 높이에서
눈보라에 찌그러지면서 헤매는 것,
내가 얼마만큼이라도
너에게 다가가고 있다는 증거다

창문보다 높은 골목길
발자국이 뜸한 새벽녘,
설산 어딘가에 솜털 보송한
네가 있다기에 나는 아직도
붉은 칸 원고지에 소설을 쓰는 거다

너와는 이루어질 수 없는 사랑이라

너와는 이루어지는 소설을 쓰는 거다

곁에 있던 네가 내 안으로 들어와
이룰 수 없는 꿈을 같이 꾸는 거다

— 시, 「에델바이스」 전문

노트북과 프린트한 원고들을 배낭에 집어넣었다. 3년 동안 쓰고 고친 장편소설 원고와 정리가 끝난 시집, 산문집 원고였다. 대형 빌딩 유리창에 태양이 박치기를 해대는 해거름녘이었다. 나는 들뜬 마음으로 지하철역을 향해 걷고 있었다. 몸통이 굵은 플라타너스 잎사귀들이 박수를 치는 것 같았다.

어서 집으로 가 배낭을 내려놓고, 근처 단골 술집으로 가 샴페인을 터트리고 싶었다. 책이 나와 인세를 받으면 프린트기를 사고 싶었다. 이제는 일하는 학원까지 노트북이나 디스켓을 들고 가 프린트를 해야 하는 번거로움에서 벗어나고 싶었다. 집에서 그때그때 쓴 원고를 뽑아 읽고 싶었다.

남부터미널역 계단을 내려가는데 동료시인이 계단을 올라오고 있었다. 그는 핸드폰을 잃어버려 중고폰을 사러가는 길이었다. 나는 국제전자센터를 향해 돌아섰다. 구입할 프린트기를 미리 점찍어두기 위해서였다. 글을 쓰자마자 프린트를 해두면 잃어버릴 걱정을 하지 않아도 되었다. 컴퓨터로 글을 쓰기 시작한 1993년부터 날려버린 원고가 제법 되었다. 시는 다시 쓰면 더 잘 쓸 수 있는데,

산문은 그것으로 끝장이었다. 어느 날은 단번에 쓴 단편소설을 날려버리고 단편소설 쓰기를 그만두었다.

술을 한 잔 하자는 동료시인의 제안을 뿌리치고 지하철을 탔다. 우리는 같은 일을 해서 서로의 집까지 찾아다니며 술을 마시는 사이였다. 하지만 오늘만큼은 누구와도 같이 있고 싶지 않았다. 언젠가 그와 새벽까지 술을 마신 아침이 떠올랐다. 우리는 도심의 한 로터리 중앙 잔디밭에서 잠들었다 깨어났다. 제법 이른 아침시간이었는데…… 어지러운 머릿속을 차들이 뱅글뱅글 돌아나갔다. 우리는 교통경찰이 올 때까지 무인도에 갇히는 신세가 되었다.

지하철 의자에 앉아 배낭을 끌어안고 있는데 저절로 웃음이 나왔다. 고등학교 다닐 때 어머니께서 사주신 붉은 칸 원고지 500매 묶음들이 떠올랐다. 새벽까지 소설을 쓰다 잠든 날들이 그리웠다. 내 책상에는 에델바이스 액자가 놓여 있었다. 수학여행을 다녀온 그녀가 사준 선물이었다. 소설을 쓰고 있는데 하숙집 창문을 두드리는 소리가 들렸다. 그녀는 에델바이스 액자를 창문으로 밀어 넣고 도망치듯이 사라졌다. 나는 지금까지 그녀의 망설임을 헤아리지 못했다. 에델바이스 잎에 난 보송보송한 솜털을 무수히 헤아렸으면서, 한 차례도 그녀의 입장에서 그녀의 마음을 헤아리지 못했다.

첫 시집이 나왔을 때였다. 사방팔방으로 수소문해 연락처를 알아내 그녀를 다시 만날 수 있었다. 나는 부산까지 내려가기로 했다. 아무래도 태종대 자살바위에서 그녀를 만나야 할 것 같았다. 그녀는 벌써 두 아이의 엄마가 되어 있었다. 하루에도 수십 번 환상을 만들고 깨기를 반복했지만, 앞으로도 그렇게 살아야 할 것 같았지만, 내가 그녀에게 해줄 수 있는 약속은 아무것도 없었다. 우리는 등대 옆에서 소주 한 병을 나눠 마셨다. 그녀가 화장실에 간 사이, 나는 사인해간 첫 시집을 바다 속으로 밀어 넣었다.

바지주머니에 넣어둔 핸드폰에서 진동이 울렸다. 10년 넘게 연락이 안 되던 친구에게서 전화가 걸려온 거였다. 반가운 마음에 당장 그리로 달려가겠다고 했다. 친구는 시흥역까지 마중 나와 있었다. 우리는 곧장 포장마차로 가서 자리를 잡았다. 어깨동무를 하고 친구의 단골 술집들을 돌아다녔다. 10년 동안 어떻게 살았는지 이야기를 주고받기에는 턱없이 짧은 시간이었다. 친구는 막차가 떨어질까 좌불안석이었다. 역에 전화해 막차시간을 알아낸 친구가 내 배낭을 챙겨 역까지 바래다주었다. 비틀거리면서 손을 흔드느라 정신을 차릴 수가 없었다.

지하철 의자는 푹 꺼져 들어갔다. 무릎에 올린 배낭의 무게가 편안한 잠을 방해했다. 그래서 선반에 배낭을 올리고 잠들었다. 나는 불빛이 몇 개 남은 거리를 걷고 있었다. 아무리 걸어도 제자리 걸음이었다. 또 꿈속에서 꿈을 꾸었다. 그런 꿈은 모두가 악몽이었다.

너무 오래 잔 것 같아 슬며시 눈을 떠보았다. 나는 어느새 지하철에서 내려 걸어가고 있었다. 정신이 번쩍 들었다. 어깨를 만져보았지만 배낭이 걸려있지 않았다. 앞에는 낯선 풍경이었다. 그래서 뒤를 돌아보았다. 멀리 '의정부북부역' 간판이 붉게 걸려 있었다. 나는 지금 종점까지 지하철을 타고 온 거였다. 그리고 배낭을 선반에 올려둔 채 내린 거였다. 힘이 빠져 무릎이 꺾이는 줄 알았다. 나는 너무 멀리 와버린 것이었다. '가야 한다, / 가야 한다, / 잊으러 가야 한다.*'를 주문처럼 외우면서 의정부북부역을 향해 달렸다.

그대가 꺾어준 꽃,
시들 때까지 들여다보았네

그대가 남기고 간 시든 꽃
다시 필 때까지

— 시, 「첫사랑」 전문

역무원에게 달려가 내가 타고 온 지하철의 행방을 물었다. 지하철은 벌써 차량기지로 떠난 뒤였다. 역무원에게 자초지종을 말했다. 역무원은 여기가 종점이라 지하철에 남은 물건을 수거한다고 했다. 내가 잃어버린 배낭은 없으니 아침에 유실물센터에 가서 찾아보라고 했다. 하늘이 무너지는 느낌이었다.

택시를 타고 집으로 가면서 핸드폰이 없어진 것을 알았다. 안경도 어디다 벗어놓고 왔는지 없었다. 지갑도 마찬가지였다. 하도

---

* 시, 「이미지」 끝 연.

잃어버리는 게 많아서 금방 포기하고 새로 장만하게 되었다. 하지만 원고는 달랐다.

한숨도 자지 못하고 유실물센터에 전화를 걸고 직접 찾아다녔다. 입이 다물어지지 않았다. 벌어진 입에서 아픈 짐승의 신음이 새어나왔다. 배낭을 잃어버리기 전으로 돌아갈 수만 있다면, 그래서 배낭을 찾을 수만 있으면, 어떠한 불행이라도 감수할 자신이 있었다. 배낭을 가져간 사람에게 디스켓과 프린트한 원고는 쓸모가 없을 것이다. 제발 원고만은 돌려주기를 기도하는 수밖에 없었다. 노트북 뒷면에 명함을 붙여 놓았고, 원고 첫 장에도 집주소와 전화번호가 적혀 있었다.

원고지에 쓰기 시작한 장편소설의 초고와 프린트해서 고친 원고를 모두 불태운 게 화근이었다. 노트북과 디스켓에 원고를 저장하고 안심한 게 대형 참사를 불러온 원인이었다. 나는 공터에서 원고를 불태우면서 쾌감을 느꼈었다. 무엇보다 첫사랑 그녀에게 진 빚을 얼마만큼이라도 갚을 수 있게 되어 기뻤다.

어느 달 밝은 밤이었다. 붉고 얇은 체크무늬 남방을 앞으로 바짝 졈매 묶은 그녀와 나는, 길보다 높은 기다란 화단 앞에 서 있었다. 우리들 키보다 커 보이는 백합이 피어 있었다. 나는 그녀를 마주할 때면 속을 알 수 없는 백합의 그 흰 침묵과 싸워야만 했다. 하고 싶은 말이 많았기에 차마 하지 못했던 말들이 백합처럼 투명한 향기를 머금고 피어났다.

어제 뭐 했어요? 보고 싶었다는 말 대신 힘들게 뱉어낸 말이 고작 이것밖에는 안 된다는 사실에 자책하면서 나는 그녀의 얼굴조차 마주보지 못했다. 별로 한 건 없어요. 하루가 늘 똑같은데요. 그녀의 대답이 나를 얼마나 절망스럽게 만들었는지, 나는 한순간 시든 백합처럼 또다시 입이 다물어졌다. 당신을 만난 후로 내 하루가 얼마나 달라졌는지 말해주고 싶었지만 그걸 말하고 나면 내게 남아 있는 그녀의 이미지는 아무것도 아니게 될 것이었다.

서로의 옆모습을 힐끗거리며 걷는 동안 나는 그 긴 터널 속에서 무엇이라도 그녀에게 말해야만 한다는 강박과, 결국 나는 그녀에게 아무것도 아니라는 관념 사이에서 줄다리기를 하며 숨이 막힐 것만 같았다. 당신을 만나러 오는 길이 참 좋습니다. 내가 걷는 길은 모두 당신이고, 그 길은 당신에게로만 통해 있어요. 그런 말을 얼마나 해주고 싶었는지, 눈을 마주하고 입 맞추고 싶었는지 그녀는 알지 못했다. 그녀가 알지 못했기에 나는 더욱 그녀를 사랑할 수 있는 것인지도 몰랐다.

한참 동안 말없이 걷던 그녀가 그만 들어가겠다고 돌아섰을 때였다. 나는 갑자기 서러워졌다. 그녀가 원하는 말을, 그녀가 진정 듣고 싶어 하는 말이 무엇인지 알면서도 하지 못하는 내 자신이 원망스러워 참을 수가 없었다.

나는 시인이 될 거예요. 죽은 세포도 살려낼 수 있는 시를 쓸 거예요.

그 침묵 속에서 내가 왜 그런 말을 했는지 지금도 알 수 없지만, 그것이 그녀에게 줄 수 있는 내 모든 헌신이었을 거라고 믿었다.

이제 내 모든 시는 당신이고, 짝사랑이고, 당신은 나의 영원한 이미지라는 것을, 그보다 더한 세레나데를 알지 못한다는 것을. 그녀만은 이해해주기를 바랐다.

당신은 참, 멀리 가려고 하시네요.

아주 짧은 찰나, 그녀는 내 이마에 입을 맞추고 사라졌다. 찰나의 순간 나는 수많은 백합들이 입을 닫고 씨앗의 모습으로 돌아가는 것을 보았다. 내가 보고 싶다는 말을 못하듯, 그녀 역시 기다렸다는 말을 할 수 없다는 것을 알게 된 순간이었다.

나는 그날부터 소설을 쓰는 대신 시를 쓰기 시작했다. 그녀와 한 약속을 지키기 위해 밤에 야산으로 올라갔다. 그녀의 자취방이 보이는 풀밭에 자리 잡고 시를 읽었다. 합장한 쌍둥이 무덤 사이에 누워 밤하늘을 바라보았다. 우리도 다음에 쌍둥이 무덤에 묻히면 얼마나 좋을까 생각했었다. 그녀의 얼굴이 어렴풋해질 때마다 백합의 이미지를 떠올렸다. 나는 얼마나 멀리 왔는가. 멀리 가고 있는가. 내가 얼마나 멀리 가든 결국 당신에게로 통하는 길이라는 걸 그녀는 알고 있을까. 시에게로 가는 문 앞에서 나는 번번이 백합 속에 파묻힌 수술들의 떨림을 그려보았다.

끝끝내 원고가 든 우편물은 나에게 도착하지 않았다. 잠을 자다 일어나 멍하니 앉아 있는 날이 많았다. 술을 마셔도 취하지 않았다. 희망의 끈을 잘라버려야 살 수 있을 것 같았다.

꽃잎을 가둔 술

그림을 그리는 여자와 북한산에 올라갔다. 백련사 못 미처 묏자리 잔디에 앉아 밋밋한 소주를 마셨다. 진달래가 피어 있었다. 철쭉이 꽃봉오리를 풀고 있었다. 옆자리 아줌마들은 라면박스, 과자박스에 싸온 음식을 풀어 신문지에 깔아놓았다. 가오리무침이 최고로 맛나 보였다. 한 접시 덜어주면 좋으련만. 아줌마들은 자기네들 입에 넣기에도 모자라 싸움질이었다.

"그만 처먹어라. 아가리 찢어질라."

종이컵에 소주를 따라 마셨다. 문어발 누른 것을 살짝 구워 갔었다. 아줌마들은 시골뜨기였다. 꽃무늬가 현란한 블라우스를 입었다. 햇볕에 얼굴이 많이도 탔다. 그네들은 플라스틱 됫병 소주를 가져와 홀짝거렸다. 카세트를 틀어놓고 춤을 췄다. 한 아줌마가 가오리무침 앞에 앉아서 연거푸 나무젓가락질을 하고 있었다.

그림을 그리는 여자는 스케치를 했다. 나는 진달래를 바라보았다. 저렇게 웃어주는 여자가 이 세상에 있다면 얼마나 환장할까. 웃음 속에 꽃수술이 보이는, 웃음을 웃을 수 있는 여자가 있다면, 더는 환장하지 않아도 되지 싶었다. 그 웃음을 멀찍이서, 한 번만이라도 훔쳐볼 수만 있다면.

나는 비닐봉지를 들고 진달래꽃을 땄다. 빈 소주병에 쟁여 넣었다. 비닐봉지로 아가리를 싸매 묶었다. 오줌 누러 가는 척, 아까시 숲으로 접어들었다. 나는 손톱 밑이 까매지도록 흙을 긁었다. 진달래꽃 가득한 소주병을 눕혀 묻었다. 그리고 솔가리를 긁어다 덮었다. 묏자리에서 스물여덟 발자국이었다.

신문지를 걷었다. 종이컵과 소주병과 문어발 누른 것을 가방에 넣었다. 아줌마 한 분은 가오리무침을 계속 먹고 있었다. 춤을 추던 아줌마 목소리가 크게 들렸다.

"이년이, 가오리한테 환장한 년일세 그려!"

나는 등을 돌리고 보았다. 아줌마들은, 침이 묻어 찰진 의치를 드러내었다. 등을 떠밀려 엉덩방아를 찐 아줌마도 웃고 있었다. 한바탕 혼쭐나게 웃고 있었다.

21년째, 북한산 백련사 못 미친 묏자리 근방에 가지 못했다. 이 글을 읽은 한 분만, 진달래꽃이 지지리 피었을 때, 그곳에 가 보시지요. 아직도 진달래 꽃잎 흔적이 온전한가, 묏자리 날개로부터 스물여덟 걸음만 걸어보시지요.

수원아이

"손해야, 손해야, 손해야, 어디 있는 거냐!"

할머니가 마당에 나와 목청껏 며느리를 부르는 소리였다. 할머니 며느리는 고향이 수원 어디라고 하였다. 할머니의 사투리 발음은 '수원애'라고 부른다는 것이 번번이 '손해야'가 되었다. 아주머니를 볼 때마다 나는 손해를 보는 사람을 떠올렸다. 손해보고 사는 사람. 손해를 감수하는 사람. 손해볼 것이 확실한 사람. 손해본 것이 억울해 뒤꼍에 나가 울먹이는 사람. 가끔 집을 뛰쳐나가는 사람. 아주머니는 수원아이가 되기 위해 더 이상 손해보지 않기 위해 친정집으로 도망가는 사람이었다.

할머니는 며느리가 집을 나갈 때마다 "주지랄 년, 주지랄 년"이라고 중얼거렸다. 자신이 밥하고 빨래하고 농사일을 할 때, "주지랄 년"을 달고 다녔다.

아주머니가 집을 나가면 어색하게 양복을 차려입은 아저씨가 아줌마를 찾으러 나갔다. 다음날 저녁 무렵에 아주머니를 앞세우고 돌아오는 아저씨를 보았다. 기껏해야 삼사일 손해보지 않고 산 아주머니가 돌아왔다. 얼굴이 퉁퉁 분 아주머니는 보따리로 얼굴을 가렸다.

그날 밤에는 어김없이 고깃국 끓이는 냄새가 동네에 퍼졌다. 그 집 뒤곁 감잎에 맺힌 이슬이 떨어지는 소리가 반복해서 들렸다. 소곤거리는 목소리가 담장을 넘어왔다.

그 집 뒤곁에는 단감나무 한 그루가 있었다. 땡감일 때 먹어도 떫지 않은 감이 열리는 나무였다. 단감나무 곁으로 다가갈 때마다 아줌마가 떠올랐다. 언제나 손해를 보고 사는 아주머니의 흐느낌이 들렸다. 견디다 견디다 못 견디겠으면 잠시 집을 나가는 아주머니. 회유와 협박에 못 이겨 다시 손해보는 자리로 돌아오는 아주머니. 내가 멀리서 고개를 숙여 인사하면 약간 뒤틀린 입으로 웃어주던 아주머니. 얼굴에 파랗게 멍을 달고 사는 아주머니였다.

내게는 아주머니 얼굴을 오래 볼 수 있는 용기가 없었다. 힐끔 쳐다보고 외면해버린 아주머니 얼굴에서 언뜻 지나가는 웃음을 보았다. 나는 언젠가는 아주머니에게서 '수원아이' 시절의 이야기를 듣고만 싶었다. 그러나 나는 아주머니에게 "안녕하세요?"란 인사밖에 할 수 없었다. 아주머니에게 무언가를 원한다는 건 아주머니에게 손해를 끼치는 거나 다름없어 보였다.

언젠가 아주머니가 걸어가는 뒷모습을 본 적이 있었다. 오른쪽 다리를 절면서 걸어가는 뒷모습이었다. 헐렁한 엉덩이 부분에 부기처럼 엉겨있는 황톳물, 수건을 똬리 틀어 깐 머리에 인 고무대야에서 고구마 순이 비죽비죽 올라와 있었다.

그 집 사람들이 일을 나간 사이, 나는 그 집 주위를 어슬렁거렸다. 그 집 변소는 나의 도서관이었다. 예전에는 제법 떵떵거리며 살던 집안이어서 할머니가 낳은 자식들은 공부를 많이 했다. 그 집 변소의 박스에는 항상 책이 담겨 있었다. 나는 그 집 변소에 들어가서 책장이 휴지로 뜯겨나가기 전에 책을 빌리곤 했다. 빌린 책을 반납하고 새로 읽을 책을 골라 가슴에 품었다. 그곳은 지독한 냄새의 소굴이어서 숨을 참아야 했다. 나는 언제나 빌린 책을 빠짐없이 기한 내에 반납하는 우수이용객이었다.

나는 그 집 다락방에 무슨 책이 얼마나 더 있는지 궁금했다. 책장이 누렇게 탈색된 세로쓰기 소설책들은 학교 도서관에는 없는 것들이었다. 구더기가 기어 나오고 혹독한 냄새가 송곳으로 코를 쑤셔대는 그 집 변소를 찾아갈 때마다 나는 아주머니의 얼굴에서 스쳐지나가는 속웃음을 느꼈다. 아주머니는 내게 아득한 물음표였다. 내게 아무것도 묻지 않는 물음표였다.

어느 날, 내가 호두나무에 올라가 책을 읽고 있을 때였다. 아주머니가 책 몇 권을 꺼내와 마당에서 책 먼지를 털어내는 광경을 볼 수 있었다. 아주머니는 먼지를 털어낸 책을 들고 오른쪽 다리를 절면서 변소로 향했다.

그 집 다락방에 있는 책들을 변소로 옮겨놓는 건 아주머니였다. 내가 만나보지 못한, 아니 영원히 만날 수 없는 '수원아이'의 짓이었다.

하늘과 만나는 이 길을

나는 내가 없는 곳으로 가서 살고 싶은 사람이다. 내가 없는 곳이면 어디든지 찾아갈 준비가 되어 있는 사람이다. 하지만 나는 미치고 싶지는 않다. 나는 언제나 구경꾼이기를 바란다. 나는 나를 들키지 않기 위해 무던히도 애쓴다. 그래서 나는, 글을 옮길 때에도 언제나 관찰자가 되려고 한다.

치악산 금대계곡 입구에 도착해 차를 세운다. 금대계곡 표지판 위로 공중철교가 지나간다. 이제는 기차가 서지 않는 치악역 건물이 보인다. 초등학교 자리에 '소쩍새마을'(사회복지법인 승가원)이 들어와 있다. 단풍잎이 곱게 물들어가고 있다. 길가에 나와 해바라기를 하는 장애인들의 무표정에도 웃음이 배어 있다. 사람들은 손을 살짝 들거나 고개를 조금 숙여 인사를 한다. 상한 치아를 드러내고 엷은 미소로 웃는 그들의 입으로 단풍잎에 밴 빛이 조금씩 흘러들어가고 있다. 알록달록한 빛을 향해 연방 사진기 셔터를 누른다.

혼자서 단풍을 볼 때에는 아픈 곳이 느껴지는데 여럿이서 단풍을 볼 때는 웃음이 나오는가 보다. 참 이상한 일이다. 누군가의 손을 잡았을 때, 그때의 따듯함이 떠오른다. 우리는 스스로 상처를 치유할 수 있는 능력을 가지고 있다. 자신에게 불리한 기억을 버려야 살 수 있으니 말이다. 버려진 기억은 어디론가 사라지는 것이다. 입을 조금씩 벌리고 단풍을 보고 있는 사람들이 있다.

서울에서 2시간 30분 남짓 달려와 바위계곡을 흘러가는 물소리와 만난다.

물속의 작은 조약돌들
물의 살을 찢고 가른다
물의 흐름을 바꿔놓는다

마음속에 박힌 응어리들
숨은 악기들

— 시, 「시냇물」 전문

치악산국립공원 금대분소 매표소를 벗어나자 비포장 길이 시작

된다. 계곡물이 흐르는 왼편으로 경사가 완만한 언덕이다. 텃밭에서 들깨를 터는 할머니가 보인다. 비닐을 펴놓고 들깨를 턴다. 들깨냄새가 지독하다. 사진기를 꺼내들자 할머니는 민망한지 돌아앉는다. 단풍구경을 하고 돌아오는 등산객들이 비포장 길을 걸어 내려온다. 무슨 얘기를 하고 있는지 이를 다 드러내놓고 웃는다. 그들도 들깨냄새의 영역으로 걸어 들어온다.

들깻잎에 벌레가
일회용 우물을 파놓았다.

그 우물 점점 깊어졌다.
그 우물 점점 넓어졌다.

언젠가,
누군가의 여린 가슴에
저런 우물을 팠었다.

그 사람 얼굴을 잊었다.

누렇게 쇤 들깻대
지독한 냄새 진동한다.

— 시, 「들길」 전문

차가 한 대 간신히 빠져나갈 수 있는 길이 금대계곡을 따라 올라간다. 70년대 말까지 40여 가구가 이곳에서 화전火田을 일구며 살았다. 화전민들은 땔감이 없어 지게를 지고 20여 리를 걸어가 땔감을 구해왔다. 골짜기마다 화전을 일구어 옥수수, 조, 들깨 등을 심어 수확한 걸 지게에 지고 원주 장에 내다팔았다. 새벽에 지게를 지고 집을 나서면 원주까지는 한나절이 걸리는 거리였다. 새벽에 집을 나서야 밤중에 돌아올 수 있었다. 영원사鴒願寺가는 길을 따라 2Km쯤 오르면 왼편에 주차 가능한 공터가 나온다. 차를 세우고 배낭을 짊어진다. 계곡을 네 번 건너고 계곡 옆 가파른 오르막을 올라가야 한다. 단풍잎 사이로 가을 하늘이 보인다. 오래 전에 이오공감이 부른 노래 '플란다스의 개'를 불러본다. 하늘과 맞닿은 이 길을, 하늘과 만나는 이 길로 바꾸어 불러본다. 물소리 반주에 맞춰 중얼중얼 불러본다.

산뽕잎 몇 개 따와 차를 우려 마신다. 연초록 빛깔이 텁텁하고 끈적거린다. 얼마 지나지 않아 떫은맛이 입천장에 달라붙는다. 불이 잘 들지 않는 방에 생솔가지를 쑤셔 넣고 불을 지펴 방안에서도 연기가 맵다. 연기도 쏘일수록 덜 맵다. 익숙해지면 안이 훤히 보인다.

초배지를 바른 벽에 기대고 앉으면 등이 시린 가을이다. 지나온 길이 낭떠러지라는 생각이 든다. 어떻게 여기까지 걸어왔을까 신기할 뿐이다. 그동안 걸어온 길을 다시 걸어야 하는 운명이 지어진다면, 끔찍할 뿐이다. 시내버스 운전을 하는 것처럼. '차라리 나는 택시운전을 할래. 아니야, 나는 언제나 손님이고 싶어.' 내가 쓴 장편동화 교정지를 펼쳐놓고 중얼거린다. 나는 언제나 초고만을 쓰고 싶다. 나는 더 이상 책임지고 싶지 않다. 그것과 연관되고 싶지 않다. 장편동화 제목이 '왕따'이다.

여기 살고 있는 사람들은, 스스로 왕따이기를 자초한 사람들이다. 도시 사람들은 왕따가 되는 것을 무엇보다 무서워하는 사람들이다. 왕따가 되지 않기 위해 노력할수록 왕따가 된다는 것을 모르는 사람들이다. 금대계곡에는 여섯 명의 왕따들이 살고 있다. 넷은 노부부들이고 둘은 40대 남자들이다. 총 다섯 집이 있는데 한 집은 빈 집이다. 둘은 혼자 살고 넷은 둘씩 붙어산다. 나는 맨 윗집에 사는 왕따를 자초한 남자를 찾아왔다.

해발 700미터 고지에 자리한 지라치*는 화전민이 살던 마을이다. 70년대 말까지 40여 가구가 모여 살았는데 지금은 흙집 두 채만 남아 명맥만 유지하고 있다. 화전민이 떠나고 자라기 시작한 잡목이 울창해 풀이 발붙일 곳이 없다.

조준경 옹은 마을의 유래를 꿰고 있는 터줏대감이다. 그는 젊었

---

* 강원도 원주시 판부면 금대2리(금대계곡 안쪽 마을)

을 때 상원사上院寺 밑자락 남바위 아래 집을 짓고 살았다고 한다. 거기서 4남매를 낳았다고 한다. 백발이 성성한 몸인데 아직도 지게를 지고 염소사료를 손수 져 나른다. 차가 오를 수 없는 곳에서 2킬로미터 바위계곡을 오르내리고 있다. 초보자들이라면 맨 몸으로도 오르기 힘에 부치는데 가스통이나 시멘트부대쯤은 가뿐하게 져 나른다.

그는 염소를 풀어놓고 기른다. 아침에 문을 열어놓으면 염소들은 비탈길을 따라 산으로 올라간다. 염소들은 하루 종일 나뭇잎과 나무껍질과 약초를 뜯어먹고 저녁 무렵이면 한 줄을 맞춰 돌아온다. 그는 염소들에게 사료 한 바가지를 퍼준다. 가끔씩 돌아오지 않는 염소가 있다. 무리에서 떨어져나가 야생이 되는 것이다. 그는 염소를 돌아오게 하기 위해 사료를 퍼주는 것이다. 봄에 나가 안 들어오던 염소가 새끼를 쳐 날씨가 쌀쌀해지면 집에 들어오는 경우도 있다. 염소에게도 태어난 집이 잊히지 않는 모양이다. 염소가 우리로 돌아오는 것은 사료 맛에 길들여졌기 때문이 아닐까. 앞줄에 서서 무리를 이끄는 우두머리 숫염소 무릎에 딱지가 앉은 것을 보면 쓸쓸해진다.

가끔씩 손님들이 찾아와 염소를 잡는 날이 있다. 그날 밤엔 염소들은 늦게 들어오거나 아예 들어오지 않는다. 우두머리 숫염소를 잡는 날에는 염소들은 새로운 우두머리를 따라 우리를 나가며 울부짖는다. 염소들은 며칠씩 들어오지 않거나 몇 마리가 무리에서 떨어져 나간다. 그는 가끔 단호해져야 한다. 염소에게 굵은 소금을 물리고 목에 칼을 꽂아 벌컥벌컥 피를 빼낸다. 노린내를 없애기 위함이다.

계곡에 웅덩이를 파고 호스를 늘여 물을 끌어오는데 올해는 가을 가뭄이 심해 쥐 오줌만큼 물이 나온다. 흙집 마당에 늙은 호박을 반으로 갈라 속을 긁어 널어놓았는데 달짝지근한 냄새가 풍긴다. 호박에 코를 대고 숨을 들이마시니 단내가 그대로 입으로 나온다.

집 주위 텃밭 테두리에는 파란 그물망이 쳐졌다. 염소의 출입을 막기 위함인데 닭들은 날개가 있어 그 경계를 마음먹은 대로 넘나든다. 이번에 막내딸이 세무사가 되었다고 자랑을 늘어놓는 노부부 얼굴에 웃음이 만발한다. 막내딸이 엄마 아빠 고생하면서 살아온 얘기를 써서 책으로 내겠다고 했다는 얘기도 빠뜨리지 않는다. 세무고시가 어려운데 머리가 좋은가 보다고 칭찬했더니, 노부부는 의외로 딴청을 피운다. 우리가 살아온 얘기를 들려줄 테니 대신 글로 써달라고 조른다.

그는 목이 마르다며 술을 한 잔 해야겠다고 한다. 그의 부인은 페트병에 담긴 오디술을 내온다. 나에게 종이컵 가득 오디술을 따라준다. 페트병 안에서 검던 것이 종이컵으로 옮겨와 붉어진다. 설탕을 안 넣어 비린 맛이 진하다. 그는 이것밖에 없느냐고 부인을 다그친다. 배를 깎아왔는데 이가 없어 거들떠보지도 않는다. 그는 아직도 대단한 술고래이다. 일을 하다가 목이 마르다고 하면 그의 부인은 측은한 마음이 들어 소주를 한 컵 따라준다. 남은 술을 감추는데 몰래 따라와서 훔쳐보는지 귀신처럼 찾아내 끝장을 보고야 만다고 남편 흉을 본다. 부인이 아들네 집 딸네 집에 다니러가는 날에는 집에 있는 술이 남아나지 않는다. 소주가 페트병으로 세 병이 있든 다섯 병이 있든 일곱 병이 있든 앉은자리에서 끝장을 보고 며칠이고 꼼짝 않고 방안에 웅크리고 있다고 한다. 아들 내외가 일요일 아침에 올라온다고 전화를 걸어왔는데 아버지 목마르니 소주 큰 거 몇 병 사오라는 말을 잊지 않는다. 끊임없이 움직이면서 사는 양반이라서 술을 그렇게 먹어도 건강한 것 같다고 눈을 흘기는 부인을 쳐다보면서, 그는 또 쓸데없는 소리를 한다고 핀잔을 준다.

털이 꺼칠한 암캉아지가 마당에서 어슬렁거린다. 젖이 불어 땅에 끌릴 듯이 늘어져 있다. 그는 암캉아지를 젓가락으로 가리키며 저놈이 새끼를 일곱 마리나 낳았다고 칭찬을 아끼지 않는다. 소나무와 전나무를 타고 오른 담쟁이덩굴에 단풍이 들었다. 마당에 돌배나무가 한 그루 있는데 아직은 잎이 새파랗다. 노인은 담배를 물고 돌배나무 위로 펼쳐진 하늘을 바라본다. 안구 가득 물기가 번진다. 텅 빈 염소우리 문이 활짝 열려있는 것이 쓸쓸하다. 내게도 힘이 넘쳐날 때가 있었지. 그때는 그게 영원할 줄 알았지. 밖에 나가 노가다도 뛰고 술도 맘껏 마셨지. 술이 깨면 사는 것이 겁이 났어. 덜컥 겁이 났어.

그는 올해 지게를 세 개나 만들었다. 그는 힘을 써서 일할 수 있는 것이 고맙다고 했다.

백석 시인은 시 「나와 나타샤와 흰 당나귀」에서, '산골로 가는 것은 세상한테 지는 것이 아니다/세상 같은 것은 더러워 버리는 것이다'라고 썼다. 해는 짧아지고 밤이 길어지는 산골의 가을이 깊어가고 있었다. 가랑잎 위를 쏘다니는 다람쥐 움직이는 소리가 고요를 깨고 있었다.

그는 참 좋은 공기와 좋은 물을 곁에 두고 살고 있었다. 나는 얼마나 찌들어있는지 하룻밤 자고 일어나면 몸이 천근이고 조급함이 만근인 삶을 살고 있었다.

그들 부부는 새로운 집을 짓고 있었다. 마당 앞에 짓는 집은 다섯 평이 될까 말까했다. 저 양반 따라다니며 지은 집만 해도 열서너 채는 될 거라며 노부인은 웃었다. 어차피 허물어질 집인데, 말끝을 흐리며 허리를 두드리는 노부인을 살가운 표정으로 쳐다보는 그의 손에서 담배연기가 피어올랐다. 그는 아직도, 이 세상에서 자기 부인이 제일 예쁘다고 생각하는 사람이었다.

새로 짓는 집 앞에 석축을 쌓아올린 것이 웬만한 성城은 되어 보였다. 그는 마당에서 나온 돌로 성을 쌓았다. 마당 흙이 오십 센티 두께 단층을 보여주고 있었다. 비닐봉지와 술병과 음료수 페트병들이 단층에 끼여 있었다. 그가 살아온 유적을 그가 발굴한 셈이었다.

인사를 하고 내려오면서 염소우리를 보았다. 발자국들이 어지럽게 찍혀 있었다. 염소 떼는 어느 골짜기에선가 먹이를 우겨넣고 있을 것이다. 양옆으로 물동이를 진 것 같은 불룩한 배때기를 뒤뚱거리고 있을 것이다. 하얀 이를 드러내고 끊임없이 주둥이를 오물거리고 있을 것이다.

내리막길을 걸어내려 오는데 등산화 밑 땅바닥이 울린다. 길 아래 누군가 파놓은 허방이 있는 것처럼, 쿵쿵 깊은 울림이 머리까지 전해진다. 누군가 몸을 가볍게 들어올린다. 내가 지금껏 걸은 길의 길이를 합치면 얼마나 될까. 꿈속에서 걸은 길의 길이를 제하면 과연 얼마나 될까. 생시로 걸은 길의 길이를 다 합쳐도 이 골짜기 나무들 높이를 합친 만큼 되지 않았다. 산꼭대기에서 단풍이 밀려 내려오고 있었다. 화전을 할 때 산꼭대기에서 불을 지른다. 산 밑에서 불을 지르면 산을 홀랑 태우기 때문이다. 산꼭대기에서 필요한 만큼 불을 질러 화전을 일구는 것이다.

단풍 불길이 산을 내려가 산 밑까지 벌겋게 불이 붙었다. 솔가리가 떨어져 앉은 바위에 가부좌를 틀고 앉아 물소리를 들었다. 소주라도 한 병 들고 올라올 걸 그랬다. 소주 안주로 솔잎을 잘근잘근 씹으면 좋겠다는 생각이 들었다.

지난 겨울밤에 그랬다. 산길을 내려가다 길을 잘못 들었다. 잔설이 군데군데 남아있는 밤길이었다. 계곡 하나만 건너면 바로 차를 세운 곳이었다. 바위를 밟고 계곡을 건너는데 바위에 얼음이 얼어 미끄러웠다. 나는 결국 발을 헛디뎌 물속으로 빠졌다. 허벅지까지 마비가 오고 말았다. 바위로 올라가야 하는데 만만한 바위가 없었다. 나는 자꾸 계곡 아래로 내려가고 있었다. 바위계곡으로 얼음물이 흘러갔다. 나는 소沼로 발을 헛디뎌 허리까지 물에 빠지고 말았다. 미끄러운 바위를 잡고 사투를 벌였다. 얼음의 기운이 심장 근처까지 차올랐다. 나는 정신이 흐릿해지기 시작했다. 감각 없는 손을 들어 바위를 잡았다. 그 순간 바위 문이 활짝 열렸다. 그 문은 흑백텔레비전에 달렸던 문이었다. 상투를 튼 아저씨가 머리를 내밀고 자기가 억울하게 죽은 사연을 들려주었다. 상투를 튼 아저씨는 열심히 말하고 나는 돌아서서 다른 바위를 잡았다. 내가 바위를 잡을 때마다 문이 열리고 그 아저씨가 나와 사연을 늘어놓았다. 여기저기 남아있는 잔설들이 얼굴 없는 귀신으로 변해 깔깔거렸다. 내가 빠져나갈 구멍은 어디에도 없었다. 상투를 튼 아저씨는 끊임없이 말하고 나는 아저씨 대신 울어주었다. 냉기가 몸을 비틀어 떨리게 만들었다. 물에 잠긴 몸과 밖의 몸의 경계가 허물어지고 있었다. 나는 고개를 들어 하늘을 보았다. 또박또박 박힌 별들이 심하게 떨리고 있었다. 나는 이를 악물고 별 하나에 눈길을 고정시켰다. 상투를 튼 아저씨는 사라지고 없었다. 나는 바위 위의 마른풀을 잡고 소沼에서 올라올 수 있었다. 물에 흠씬 젖은 바지가 얼음으로 변했다. 얼마나 다행인지 몰랐다. 그 아저씨는 전생의 내 모습이었는지도 몰랐다.

바람이 녹이는 얼음은 바람이 된다.

물이 녹이는 얼음은 물이 된다.

바위계곡에 물소리만 남는다.

— 정용주의 시, 「금대계곡」 끝부분

금대계곡 골짜기는 화전 흔적이 즐비하다. 돌무덤은 화전을 일굴 때 골라낸 돌을 쌓아놓은 것이다. 잣나무와 전나무가 심겨진 자리는 대부분 화전 터이다. 밤나무가 들어선 곳은 집터 근방이다. 돌담 흔적과 우물터가 있고 평지를 만들기 위해 쌓은 축대가 있다. 큰 비가 올 때마다 계곡의 나무에는 화전민이 남기고 간 옷가지가 걸린다. 교련복과 나일론 이불홑청이 나뭇가지에 휘감겨 있다. 바위를 뚫어 만든 절구통이 보이고 강도가 약한 알루미늄으로 만든 가벼운 숟가락과 젓가락도 보인다. 흙집은 폭삭 주저앉아 기둥이 썩는 것을 느긋하게 보여준다. 시간을 돌리는 것은 흘러간 물을 다시 퍼올려 흐르게 하는 것만큼 부질없어 보인다.

양지바른 곳에 더러 무덤이 보인다. 무덤 주위 돌에는 독사가 몸을 말리기 좋은 곳이다. 독사는 몸이 느리다. 꾸물거리며 돌무더기 속으로 징그러운 몸을 끌어당긴다. 하루하루 사는 것이 징그럽다는 생각을 하게 된다. 나태함이 시간을 덥석덥석 잡아먹는다는 생각을 하게 된다.

다람쥐들이 밤나무 밑을 쑤시고 다닌다. 눈을 마주쳐도 도망갈 생각을 않는다. 밤알을 들고 하얗게 까먹는다. 속이 까뒤집힌 밤송이는 벌레 먹지 않은 밤알을 품고 있던 것이다. 벌레가 파먹고 지른 똥이 달라붙어있는 밤송이는 속을 들키지 않는다. 탁 탁 떨어지는 밤알과 툭 툭 떨어지는 밤송이가 잠시 물소리를 끊는다.

산메기와 버들치, 빠가사리가 사는 계곡물은 한여름에도 발을 담그기 어렵다. 골짜기 어딘가에는 얼음골이 있는 모양이다. 바람이 녹이는 얼음은 바람이 되고 물이 녹이는 얼음은 물이 되는 모양이다. 바위계곡에는 크고 작은 소沼가 있어 채우고 남은 물을 아래 소沼에게 나눠준다. 결국 바위계곡에 남는 것은 새겨듣지 않으면 흘러가고 마는 물소리뿐이다. 속 시끄럽다는 말이 어떤 의미, 어떤 깊이를 가지고 있는 말인지 바위계곡에 있으니 어렴풋이 짐작이 간다.

집터 근방에는 어김없이 됫병 술병들이 나뒹군다. 빈 술병을 보고 있으면 누군가의 속을 들여다보고 있는 것 같아 마음이 편치만은 않다. 멧돼지가 밤나무 밑을 들쑤셔놓았다. 아이들 뛰노는 소리가 듣고 싶다. 아이들을 불러들이는 어른들 목소리도 듣고 싶다. 밥 짓는 솔가지 연기가 계곡에 퍼지는 모습을 상상하고 있는데 까마득히 개 짖는 소리가 골짜기 깊숙이 파고들어온다. 단풍잎 하나를 주워들고 잎맥을 살펴본다. 잎맥들이 단풍잎에 그려놓은 지도를 바라본다.

다이빙선수

혹시 아는 사람이 있나, 술집을 기웃거리던 시절의 이야기입니다.

날이 밝는 것을 보고야 말겠다고 포장마차에 앉아 술잔을 기울이던 시절이 있었습니다. 술을 마시지 않았다면 그 많은 시간을 어떻게 보낼 수 있었을까요? 맡길 것이라곤 가방과 18K 반지 반 돈과 학생증이 전부였습니다. 제가 아는 사람들은 그 술집에 앉아 하릴없이 술을 마시고 있었습니다.

그런 언젠가였습니다. 그 번화한 술집들의 거리에 있던 막걸리집 앞을 지나다 화장실에 가는 낯익은 얼굴을 보았습니다. 나는 그가 화장실에 갔다 나오기를 기다리고 있었습니다. 그러나 어찌된 일인지 그는 화장실에서 좀처럼 나오지 않았습니다. 10분, 20분이 지나도 나오지 않았습니다.

나는 더 이상 기다릴 수 없었습니다. 그의 동료가 앉아 있길 바라며, 막걸리 집에 들어갔습니다. 그들은 구석 자리에 앉아 막걸리를 마시고 있었습니다. 나는 그들이 권하는 대로 잔을 비우고 돌렸습니다. 내 세상을 만난 것이었지요. 나는 그날, 18K 반지를 맡기고 말았습니다. 그들에게도 술값이 없었고 받아줄 만한 것도 가지고 있지 못했던 거지요. 주인아주머니는 금이 아닌 것 같다고 어금니로 깨물어보았습니다. 내일이나 늦어도 모레는 꼭 찾으러 오겠다고 다짐했습니다. 그러나 다시 그곳에 가지 못했습니다. 내가 왜 그 기간 내에 그곳에 갈 수 없었는지는 당신이 더 잘 알고 있을 겁니다. 나는 그 다음날부터 한동안 밖에 나갈 수도 말을 할 수도 웃을 수도 없었습니다.

우리는 다음 술집으로 향했습니다. 나는 자전거를 타고 갔습니다. 계산할 때까지 앉아 있다가는 자전거를 거기다 보관해야 할 판이었지요. 나는 그 자리에서 일어나 먼저 간다고 말했지요.

“저, 먼저 가겠습니다.”

그 술꾼들은 눈이 풀렸고 눈알까지 충혈되어 있었습니다.

오늘은 왜 그러느냐, 할 일도 없으면서 왜 가려고 하느냐, 안 하던 짓을 하면 곧 죽는다, 고 말했습니다.

나는 가방을 둘러메고 밖으로 나왔습니다. 술자리에서는 언제나 가방을 둘러메곤 했습니다. 그렇게 해야 가방이 안전했으니까요.

나는 S자를 그리며 언덕 위에 다다랐습니다. 그곳에서부터 100미터 남짓한 내리막길이었습니다. 내리막길이 끝나는 곳은 낭떠

러지였습니다. 낭떠러지 아래엔 강물이 흐르고 있었습니다. 브레이크는 고장 나 있었고 커브에서 좌회전해야 한다는 생각을 미처 하지 못했습니다. 나는 곧 내리막길에서 낭떠러지로 날았습니다. 내가 얼마나 높이 그리고 멀리 날았는지는 기억할 수 없습니다. 날아오른 그 짧은 순간만을 기억할 뿐입니다. 어떻게 되는 건지, 어떻게 해야 하는 건지, 대책을 세울 틈이 없었습니다.

날이 뿌옇게 새고 있었습니다. 얼마나 피를 쏟은 것인지 머리는 어지러웠고 몸은 쓰라렸습니다. 언젠가는 이런 일이 있을 거라고 생각했지만, 이렇게 빨리 갑작스럽게 찾아오리라고는 생각하지 못했습니다.

낭떠러지에는 뾰족한 돌이 쌓여 있었습니다. 그 돌들 위로 떨어졌다니, 이렇게밖에 날지 못했다니, 믿어지지 않았습니다. 이렇게 죽지 않고 살아 있다는 것이 믿어지지 않았습니다. 자전거는 저 아래 강물에 두 바퀴를 담그고 있었습니다. 어떻게 해야 하나? 나보다 멀리 날아간 자전거에게로 갔습니다. 거기에 거울이 달려 있었습니다. 머리와 얼굴은 피투성이가 되어 있었습니다. 내 얼굴이 이렇게 변하리라곤 상상도 못했는데, 그때까지 그런 악몽을 꾼 적도 없었는데. 돌부리에 입술이 찢어졌고 그 돌부리에 부딪힌 이빨 두 개가 부러졌습니다. 두 개의 하얀 신경이 너덜거리고 있었습니다.

낭떠러지를 올라갈 엄두가 나지 않았습니다. 그렇다고 해서, 언제까지나 그 자리에서 머뭇거리고 있을 수만도 없었습니다. 자전거는 바퀴가 휘어져 있었고 핸들이 틀어지지 않았습니다. 거기 그대로 내버려두고 갈 수만도 없었습니다. 제대로 몸을 가눌 수도 없었는데, 자전거는 엄청난 짐이었습니다.

자전거를 메고 낭떠러지를 오르기 시작했습니다. 그러다 몇 번이나 굴렀는지 모르겠습니다. 날이 더 밝기 전에 구렁텅이를 벗어나야 했는데, 난감할 뿐이었습니다. 날이 밝았을 때 피투성이로 걸어가다 누군가를 만난다는 것은 끔찍, 그 자체였습니다. 어디로 올라가든지 만만한 곳이 없었습니다.

어떻게 그 지옥을 벗어났는지, 어떻게 빈집으로 오게 되었는지, 어떻게 잠들었는지 모를 일입니다. 분명한 것은 저녁이 되어 어두워졌다는 것이었습니다. 수돗가에 앉아 핏자국을 닦아냈다는 것과 옷을 벗어 물에 담갔다는 것, 개가 멀리에서 짖더라는 것입니다. 벨레소리가 얼마나 설움을 복받치게 했던가, 신경이 입술에 닿아 얼마나 섬뜩했던가, 그렇게 입을 다물지도 못하고 피워 문 담배 필터를 어금니로 깨물면서 내 자신을 얼마나 저주했던가. 그렇게 사흘간 찢기고 갈라진 상처의 아픔을 받들어 모시면서 배가 고픈 것에 대하여 얼마나 증오했던가. 빨대로 물을 마시면서, 언젠가 당신이 벗어놓고 간 청색 남방을 보았을 때, 울컥 넘어오던 그 뜨거운 것은 무엇이었을까요.

나흘째 되던 날 아침이었던가요. 당신이 푸른 자전거를 타고 올라왔던 것이 그때였던가요. 당신은 그 폐가로 접어드는 일 미터밖에 안 되는 다리 위에서 따르릉 따르릉, 벨소리를 내곤 했지요. 대나무 숲과 토담 사이로 난 길, 이끼가 파랗게 끼어 있던 길, 당신은 자전거에서 내려 그 길을 오르면서 무슨 생각을 하고 있었을까요. 그 인간 굶어 죽지나 않았을까? 어디에서 넘어져 얼굴에 양조장 도장을 찍어놓고 도를 닦고 있지나 않을까?

당신의 자전거 핸들에는 먹을 것들이 매달려 있었지요. 나는 문에 난 구멍을 통해 당신을 보았고, 문고리를 걸었습니다. 당신은 방문 앞에 벗어놓은 내 구두를 보았고 밖에서 문이 잠기지 않은 것도 보았습니다. 내 구두는 하나뿐이었지요. 내가 방안에 있는 것은 당연했지요. 나는 그때, 당신이 돌아가 주기를 얼마나 간절하게 바랐는지 모릅니다.

당신뿐만이 아니었지요. 누구에게라도 그런 내 모습을 보이고 싶지 않았습니다. 특히 당신에게는 더더욱 보이고 싶지 않았습니다. 당신은 내 이름을 불러주었고, 불렀고, 애원을 했지요.

"제가 잘못했어요. 제발 문 좀 열어봐요. 다시는 안 그럴게요. 제발."

당신이 무슨 잘못을 했는지, 당신도 나도 알지 못하긴 마찬가지였을 겁니다. 당신이 문을 잡고 흔드는 동안, 나는 아무 말도 못한 채 이불을 뒤집어쓰고 있었습니다. 당신이 제발 가주기를 바라고 있었습니다. 하지만 당신은 가지 못했습니다. 아니, 가지 않았습니다. 그때 당신이 가셨더라면, 나는 다시 당신을 보지 못했을 것입니다. 당신은 가지 못했습니다. 무슨 말이라도 좋으니, 말을 하라고 다그쳤습니다. 무슨 말이라도 좋으니, 한 마디만 하라고 끈질기게 졸랐습니다.

내게 무슨 자격이 있어 당신을 실망시킬 수 있을까요. 당신은 어쩌면 열리지 않는 문을 탓하고 있었을지도 모르겠습니다. 나는 당신에게 무작정 술을 마시고 책이나 읽는 사람으로 남고 싶었습니다. 하지만 당신은 돌아가지 않았습니다. 그냥 내려가면 다시는 못 오리란 예감이 당신을 사로잡았는지도 모르겠습니다. 어쩌면 수돗가에 벗어놓은 옷가지들을 보았는지도 모르겠습니다. 주인 내외가 옛날에 소를 먹일 때 쓰던 물건이었지요. 여물을 주던 구유에 담겨 있는 피범벅이 된 옷가지들을 보고, 당신이 울었는지도 모를 일입니다. 당신은 울고 있었고 나는 울음을 참고 있었습니다.

"문 열어줄 테니, 아무것도 묻지 말아요. 그리고 놀라지 말아요. 약속할 수 없으면 그냥 돌아가세요."

당신은 울고 있었지요. 고개를 끄덕이고 있었지요. 나는 문을 열고 이불 속으로 들어갔지요. 거긴 캄캄한 동굴이었지요. 누가 밖에서 지켜보고 있는 동굴이었지요. 나갈 수도 없고 나가지 않을 수도 없는 덥고 답답한 동굴을 당신은 파고 있었지요.

어디를 어떻게 다쳤는지, 당신은 이불을 걷어내고 보려고 했지요. 그리고 당신은 내가 아픈 것만큼 울었습니다.

시내에 내려갔던 당신이 올라온 건 저녁이었지요. 전자레인지에 데워 온 잣죽을 먹이려고 입을 벌리라고 하던 당신, 소독약으로 상처를 닦아주던 당신, 내일 아침엔 치과에 가자고 팔짱을 끼고 어깨에 머릴 기대오던 당신, 녹이 슨 가마솥을 씻어내고 군불을 지펴주던 당신, 내가 잠든 사이 그 어둡고 먼 길을 푸른 자전거를 타고 돌아간 당신, 새벽에 깨어나 생각한 당신, 터진 입술에 침을 묻히고 생각한 당신, 대숲을 울렁거리게 하던 바람 같은 당신, 맑은 목소리로 흘러가던 냇물 같은 당신, 찢어진 문종이 사이로 아프게 들어오던 가을 햇살 같은 당신. 당신이 올 것 같아 문을 열었지요. 아득한 현기증이 나를 붙잡고 싸움을 걸었지요.

한 마리 개미를 관찰한다

돋보기로 보는 개미
흐릿하게 확대되어
어지러운 마음속에 사로잡힌다

얼마나 추웠을까?

초점을 맞춘다

— 시, 「연민」 전문

당신이 찾아와 상처를 꿰매러 가자, 치과에 가서 치료를 하자, 의치를 해 넣자, 부추겼지요. 하지만 나는 어디에도 갈 수 없었습니다. 상처는 스스로 아물어 붙을 것이었고 부러진 이를 드러내고 말을 하지 않아도 살 수 있었고, 웃지 않아도 살 수 있었지요. 말을 하거나 웃으면 바보처럼 보였지요. 제겐 말도 웃음도 필요 없었지요. 일주일이 지나면서 허옇게 변한 신경을 끊어냈고 상처엔 밴드를 붙였지요.

앞니가 부러진 흔적
희디흰 신경이 매달렸다
입을 다물 수가 없었다
나무젓가락을 분질러
입술 사이를 벌려놓았다
들숨 날숨이 들락거렸다
거울에 낀 김이 사라지고
소쩍새 울음소리 들려왔다

— 시, 「거울에 낀 김」 전문

겨울 방학이 되어 고향에 갔습니다. 저녁 밥상 앞에서 이가 부러진 걸 어머니께 들켰습니다. 어머니는 밥상 앞에서 울음을 터뜨렸지요. 어쩌다 그 모양이 되었느냐, 너를 어떻게 키웠는데 네 맘대로 사느냐, 내일 아침에 가서 당장 이를 해 넣어라. 왜 집에 오지 않았는지 이제야 알 것 같다, 하시며 손을 잡고 놓아주지 않으셨습니다.

다음날 아침, 첫 차를 타고 읍내에 나가 치과를 찾아갔습니다. 치과는 2층이었지요. 그날은 본만 뜨고 집으로 갔습니다. 의사 선생님이 3일 후에 오라고 했습니다.

"자넨 참 지독한 사람일세. 대체 어떻게 참았나? 미련한 건지 대단한 건지 모르겠네."

3일 후 오후에 치과에 찾아가서 이를 넣었습니다. 거울 앞에 서서 입을 벌리고 비춰보니, 그럴듯해 보였습니다. 내 주머니엔 칠만 원이 들어 있었습니다. 칠만 원을 다 줘야 한다고 생각하니 좀 억울했습니다. 나는 화장실로 가서 이만 원을 뒷주머니에 쑤셔 넣었습니다. 그리고 의사 선생님께 가서 고맙다고 말했습니다. 간호사 아가씨가 카운터를 지키고 있었습니다.

"아가씨, 얼마죠?"

"예, 손님. 칠만 원입니다."

나는 깜짝 놀라는 척했습니다.

"오만원이라고 하지 않았어요?"

아가씨는 분명히 칠만 원이라고 말했다 했고, 나는 오만 원이라 했다고 우겼습니다. 급기야는 의사 선생님께서 나오셔서 칠만 원이라고 점잖게 말씀하셨습니다. 나는 오만 원밖에 없다고 했습니다. 나는 할 수 없이 입을 벌렸습니다.

"죄송합니다. 그럼 이를 뽑아놓고 가겠습니다. 다음에 와서 넣도록 하겠습니다. 정말 죄송합니다."

의사 선생님과 간호사 아가씨 둘, 그리고 치과를 찾은 손님 여러

분께서 내 얼굴을 빤히 쳐다보고 있었지요.

"당신 같은 사람 난생 처음 봐. 됐어. 됐어. 그냥 가!"

저도 그날 그런 의사 선생님을 처음 만났지요. 친구들을 불러내 밤새 술을 마시게 해주신 의사 선생님이었으니까요.

푸른 자전거

*

어딘가 찾아가면 꿈꾸지도 못한 새로운 세상이 펼쳐질 것 같은 기대가 페달을 밟게 했다. 자갈길을 굴러보지 못한 자전거는 바퀴가 둥글기만 할 뿐, 돌아간다는 느낌을 주지 못한다. 나는 휘어져 돌아가는 바퀴가 좋았다. 머릿속으로 상상을 굴리듯 한 바퀴 돌 때마다 8자를 그리며 달리는 자전거를 사랑했다. 언젠가 내 사랑을 만날 수 있다는 기대를 품게 되었다. 내게도 설렘이 찾아왔다. 나는 서두르지 않기로 했다.

나는 자전거를 타고 국도를 벗어나 한적한 시골길을 달리고 있었다. 바람 불지 않아도 코스모스 수줍은 얼굴들은 고개를 돌리고 얼굴을 가리고 웃음 짓고 있었다. 고개를 돌리고 입을 가리고 살짝 웃는 여자가 떠올랐다.

내가 마지막까지 사랑하고 싶은 여자의 웃는 모습이 떠올랐다. 내가 바람이 되어 세상 한 바퀴 돌아와도 그 자리를 지키고 있을 것 같은 여자였다. 짧은 속삭임 한 마디에도 평생을 웃고 지낼 여자의 모습이었다.

나는 가끔 여럿이 놀러온 사람들 사진을 찍어줬다. 꽃만 봐도, 어딘가에 숨겨놓았던 웃음보따리가 끌러져 웃음이 떠오르는 얼굴이었다. 내 사랑과 만나면 얼굴만 마주보고 있어도 웃음이 떨어지지 않으리라 생각했다. 나는 사진을 찍어주면서 그런 바람들을 마음속에 담아 두었다.

언젠가는 내 사랑을 만나리라. 내 사랑에게는 세상 모든 꽃을 합친 것보다도 멋진 웃음을 보여주리라 다짐했다. 풀린 자전거 체인을 맨손으로 채우면서, 힘차게 언덕길을 오르면서 다짐했다. 언덕길을 신나게 내려가면서 다짐했다. 급한 언덕길을 내려가다 핸들목이 뚝 부러진 적이 있었다. 나는 뚝 떨어진 핸들을 잡고 길바닥에 처박히고 말았다. 나는 다짐했다. 그 여자에게만은 웃음을 잃지 않겠다고.

그 여자는 바람 벼락을 맞고 사는 길가의 코스모스가 아니어야 했다. 산골 밭둑이나 외진 집 뒤뜰에 홀로 핀 코스모스여야 했다. 내 이기심은 그 여자를 그렇게 떨어뜨려놔야 안심이 됐다.

*

나는 하숙집 자전거를 빌려 타고 정확히 몇 킬로미터가 되는지 모르는 집으로 향했다. 추석 전날 아침 무렵이었다. 등 뒤에 가벼운 배낭을 지고 떠나는 자전거 여행이었다. 버스를 세 번 갈아타야 갈 수 있는 집이었다. 배턴 터치 하듯 버스를 갈아타도 세 시간이 걸리는 거리였다.

나는 차비가 없었다. 내 궁색한 한 달 용돈 살림은 일주일이 멀다하고 바닥이 났다. 하숙비에 따라오는 오천 원이 내 한 달 치 용돈이었다. 기회가 있을 때마다 용돈을 올려달라고 상부에 건의했지만 받아들여지지 않았다. 학생이 공부만 하면 되지 돈 쓰고 다닐 시간이 어디 있느냐는 게 상부의 주장이었다.

나는 가끔 하숙비 분실신고를 냈다. 상부에 계신 양반도 예전에 소 판 거금을 따개* 맞은 경험이 있었다. 상부 어른들은 양말 밑바닥이 제일 안전하다고 신신당부했다. 나는 하숙비와 용돈을 합친 오만 원을 양말 밑에 넣고 다녔다. 나는 돈에서 발 고린내가 나 하숙집 아줌마가 싫어한다고 했다. 하숙집에 도착할 때까지 돈을 잘 간수해야 한다는 강박관념에 괴로웠다. 발이 불편해 견딜 수가 없었다. 그 뒤로는 오만 원을 팬티 안에 넣고 헝겊으로 봉해줬다. 나는 하숙비 받아가는 날마다 새로 빨아놓은 팬티를 입었다.

상부 어른께서 서울에서 땅 살 돈을 찾아올 때의 이야기를 들려줬다. 서울역에서 장항선 기차를 타고 광천역까지 내려오는 동안

---

* 소매치기

의 이야기였다. 천만 원이 되는 돈을 신문지에 둘둘 말아 잘 보이는 선반 위에 올려놓고 자는 척 실눈을 뜨고 지켜보았다는 얘기였다. 그렇게 더딘 시간은 처음이었다. 그렇게 느려터진 기차가 다 있나 싶더라. 할아버지 대부터 따개를 맞은 경험이 풍부한 집안 내력이 나에게까지 대물림될까 봐 항상 신신당부를 잊지 않았다.

어느 소설가는 상금으로 받은 천만 원을 신문지에 둘둘 말아 낡은 자전거 짐칸고무줄에 묶어놓고 좋아서 밤새 술을 마셨다고 했다. 아침에 정신이 번쩍 들어 나가 보니, 술집 앞에 받쳐 둔 자전거와 신문지에 말아놓은 천만 원이 그대로 있었다고 했다.

천안에서 온양, 예산을 거쳐 홍성까지 갔을 때는 포기하고 싶었다. 급하게 달렸기 때문이었다. 힘이 빠져 걸을 힘도 없었다. 불에 덴 듯 엉덩이가 따가웠다. 자전거는 짐이 되었다. 내리막길에서만 얻어 탈 수 있는 짐이었다. 약간 경사만 나와도 겁을 먹고 안장에서 내렸다. 나는 포기와 인내의 경계선 위를 걷고 있었다. 조금만 더 가면 내리막길일 거야. 조금만 참으면 계속 내리막길만 나올 거야. 그렇다면 돌아올 때는 또 어떻게 해야 하는 거지?

마라톤 선수 출신 선생님 말씀이 떠올랐다. 순간을 잊기 위해 좋은 일만 생각하면 절대로 완주할 수 없다. 너희들에게 좋은 일이 얼마나 있었겠느냐? 좋은 일에만 집착하다 보면 결국 10킬로미터도 못 가서 주저앉고 만다. 너희는 순간과 싸워야 한다. 너희들은 자신과 싸워서 이기는 쪽을 선택해야 한다. 좋은 일은 42.195킬로미터부터 시작된다는 걸 항상 명심해야 한다.

나는 페이스 조절에 실패하고 말았다. 집에 도착해서 그대로 쓰러져 잠이 들었다. 나는 42.195킬로미터를 한참 지나쳤다. 다리에 알이 배어 제대로 걷지도 못하는 상태에서 다시 자전거를 타고 하숙집으로 돌아가야 했다. 나는 순간만을 생각했다. 이 순간을 어떻게 벗어나야 하나. 천리길도 한 걸음부터. 웃기고 있네. 시작이 반이다. 웃기고 있네. 인내는 쓰고 열매는 달다. 웃기고 있네. 오늘을 참고 내일에 살자. 웃기고 있네. 나는 주워들은 웃기는 얘기마다 웃기고 있네, 후렴구를 붙이면서 하숙집까지 돌아갈 수 있었다.

*

한참 웃고 떠들다 방으로 돌아가 누워 있으면 허탈감이 찾아왔다. 나는 허탈이 오르가슴을 달린다는 표현으로 허탈감을 표현하곤 했다. 일순 찾아온 그 마음은 잠이 들고 꿈을 꿀 때에도 끼어들었다. 혼자 자전거를 타고 달리면서 휘파람을 불었다면 이런 일은 없었을 것을. 항상 후회를 하곤 했다. 자전거를 타고 멀리 떠나 봤자 해 저물기 전에 돌아올 수 있는 거리였다. 나는 내 사랑을 찾아 떠나갔다.

사랑은 부르면 고개를 돌리고 가까이 오지 않았다. 사랑은 의심이 많아 거리를 두고 지켜보려 했다. 나는 번번이 퇴짜를 맞아 마음에 굳은살이 박였다. 풀밭에 누워 잡을 수 없는 뜬구름을 쳐다보며 자책을 일삼았다. 어떤 날은 아침부터 저수지를 찾아갔다.

나는 날이 저물어 저수지에서 자리를 털고 일어났다.

내 마음속에서는 수십 가지 수만 마리 물고기들이 숨을 쉬는 것이 느껴졌다. 마셔도 다 못 마실 물을 몸속으로 끌어들였다 내뱉는 물고기들은 알지 못했다. 저수지는 어마어마한 고무대야에 담긴 물이었다. 그걸 누군가가 힘겹게 들고 가고 있었다. 저수지 물은 흔들리고 있었다. 깊지 않은 곳에 사는 물풀들과 물 위의 오리들도 흔들리고 있었다. 오리들은 물갈퀴로 물을 긁고 있었다. 물을 긁어 앞으로 나아가고 있었다. 오리는 저수지 물에 주둥이를 찔러 먹이를 찾고 있었다. 저수지 물은 백날 천날 뚫어도 구멍 하나 나지 않았다. 나는 언제 구멍이 뚫리는지 지켜보고 있었다.

나는 금방 완치되는 상처를 보고 있었다. 내게도 그런 상처만 찾아오기를 바랐다. 그러나 어이없게도, 나는 상처를 만들어내는 발명가가 되고 말았다.

하루 종일,
내를 따라 내려가다 보면 그 저수지가 나오네
내 눈 속엔 오리 떼가 헤매고 있네
내 머릿속엔 손바닥만 한 고기들이
바닥에서 무겁게 헤엄치고 있네

물결들만 없었다면, 나는 그것이
한없이 깊은 거울인 줄 알았을 거네

세상에 속까지 다 보여주는 거울이 있다고
믿었을 거네

거꾸로 박혀 있는 어두운 산들이
돌을 받아먹고 괴로워하는 저수지

바닥까지 간 돌은 상처와 같아
곧 진흙 속으로 비집고 들어가 섞이게 되네

— 시, 「저수지」 전문

내 늦은 귀가는 가시가 많이 붙은 탱자나무 울타리에서 잠자는 참새를 깨워 날렸다. 나는 한 푼 달라고 깡통을 치는 거지처럼 깡통 두드리는 소리가 나는 자전거 페달을 밟았다. 내 사랑은 끝내 다다를 수 없는 계단을 밟고 있었다. 나는 자전거 페달을 밟아 그 계단을 한 칸씩 오르고 있었다.

*

내 사랑은 기다리는 것이었다. 나는 처음부터 누군가를 사랑할 자격이 없었다. 사랑은 찾아가는 것인데 나는 헤매고 다녔다. 나는 사랑을 찾아가는 방법을 찾기는커녕 무서워 뒤돌아섰다. 나는 투명한 A4 용지를 닮은 사랑의 얼굴을 보고 기겁을 해 도망치고 말았다. 나는 도망가는 사람들 중 선두 주자였다.

나는 그녀에게 말 한번 붙여보지 못했다. 그 모든 게 시작도 없이 끝을 맺고 말았다. 올가미를 만들어 천장에 매달아놓고 시를 쓰면서, 나는 그녀를 사랑했다. 나는 그녀의 눈을 반 초 동안 몇 번인가 보았을 뿐이다. 그때마다 그녀는 나를 뚫어지게 주시하고 있었다. 나는 레이저 광선에 뚫리고 바늘에 찔린 가슴을 꾸려 안고 서둘러 방으로 돌아가고 말았다. 나를 치유해 줄 의사는, 시를 쓰는 나 자신이었다. 나는 빙빙 둘러왔건만 결국 제자리에 와서 앉고 말았다.

대학 졸업식 날이었다. 그녀는 동성 친구의 팔짱을 끼고, 아버님과 사진을 찍는 나를 바로 앞에서 뚫어져라 쳐다보았다. 그녀는 나에게 어서 빨리 내 안으로 들어오라고 다그치고 있었다. 하지만 나는, 한순간에 타버리고 마는 얇고 가벼운 습자지 한 장에 불과한 존재였다.

나는 그녀를 찾을 수 없었다. 나는 그녀의 이름도 알지 못했다. 같은 과 2년 후배라는 것만 알고 있었다. 그녀의 이미지는 언제나 봄 상추였다.

어디 갔다 왔니?

새벽부터 봄을 재촉하는 보슬비가 내렸다. 아래층 주인집 개는 뜰에 묶여 사람이 지나갈 때마다 짖었다. 주인집 개는 별것도 아닌 걸 가지고 시비를 거는 주인집 남자를 닮았다. 그만 해라, 제발 그만 좀 해! 빗자루를 들고 때리는 시늉을 하면 허연 이빨을 드러내 놓고 으르렁거렸다. 덩치는 작아도 깡 하나로 버팅겼다. 주인집 개는 목련나무에 매어져 있었다. 개가 짖을 때마다 목련나무가 흔들렸다. 목련꽃 봉오리들이 사람 발자국 소리를 따라 흔들렸다. 개는 피지 않은 목련꽃 봉오리를 재촉하고 있었다. 개는 주인 남자를 닮아 목련나무 멱살을 잡고 흔들었다. 꽃봉오리를 펼 때까지 가만히 두지 않을 거야.

일 년째 키우던 개가 감쪽같이 사라졌다. 개 도둑이 2층까지 올라와 데려갔을 확률은 희박했다. 누가 2층까지 올라와 발바리를 데려갔을 리는 없었다. 촐싹거리고 아무 데나 실례를 해서 밖에 묶어 놓고 키웠는데 아침에 밥을 들고 나가 보니 없었다. 꼬리를 치면서 별의별 쇼를 다 할 놈인데 보이지 않았다. 2층 구석구석을 찾아봐도 없었다. 1층에 내려가서 찾아봐도 허탕이었다. 찡얼거리다 목줄이 빠져 1층으로 떨어진 것이 확실했다. 아무리 살이 찐 몸이라 해도 1층과 2층의 거리는 족히 3~4미터는 되었다. 떨어졌다면 무사할 리 없었다. 발바리의 흔적은 골목길 어디에도 없었다. 나는 귀신에 홀린 기분으로 집 주위를 샅샅이 뒤지고 다녔다.

텔레비전 안테나 쇠막대기에 매어 놓아 누가 올라오기라도 하는 날엔 텔레비전 화면이나 흐트려 놓던 발바리였다.

하루 종일 발바리를 구박했던 기억이 떠올랐다. 이럴 줄 알았으면 좀 더 잘해 줄 것을. 가끔 목욕이라도 시켜 주고 머리라도 쓰다듬어 줄 것을. 배를 긁어 주면 가만히 누워 눈을 감고 있던 발바리 모습이 어른거렸다.

나는 한편으로 잘된 일이라고 체념하고 말았다. 어디 가서 살아 있다면 다행이고 잘못됐어도 내가 책임질 일은 아니었다. 나에게 천대를 받느니 차라리 어느 집에 들어가서 제때 주는 밥 먹고 한뎃잠을 자지 않으면 바랄 게 없었다. 나는 불쌍하게 아양떨지 않아도 예쁘게 봐 주는 새 주인 만나 호강하기를 바랐다.

나는 발바리가 벗어 놓고 간 목줄을 바라보았다. 비 오는 날이면 낑낑거리던 발바리 생각을 했다. 아침이면 습관에 따라 발바리 먹이를 데웠다. 빨랫줄에 빨래를 널 때 빨래를 걷을 때 발바리가 없어졌다는 걸 확인했다. 기껏해야 두 계절을 함께한 것뿐인데 발바리의 얼굴이 눈에 선했다.

얼마 지나지 않아 발바리가 없어 마음 놓고 외박할 수 있었다. 밥을 챙겨 먹여야 하는 부담이 있어 아침에는 어떻게든 집에 들어가야 했었다. 카페에서 쓰러져 자거나 친구 집에서 자거나 여관잠을 잔 다음날에도 발바리가 없음에 안도했다. 나는 차츰 발바리의 존재를 잊어갔다.

택시를 타고 집에 돌아가는 대신 그날그날 편한 대로 숙식을 해결했다. 썰렁한 집에 돌아가 봤자 불 꺼진 방들이 나를 맞이했다. 누가 불을 켜고 나를 기다리는 것도 아니었다. 보일러를 틀고 쭈글쭈글 늘어지는 장판에 앉아 떠는 시간이 두려웠다. 나는, 그 2~30분 동안을 못 견뎠다. 몸서리쳐지는 시간이었다.

나는 날마다 자정을 넘겨 카페에서 풀려났다. 그 다음 시간은 내 세상이었다. 나는 카페를 닫을 때까지 기다려 준 동료들과 어울려 해장국집을 전전했다. 카페를 지키는 시간은 기나긴 터널을 지나가는 것처럼 지루했다. 나는 교도소 근무를 마치고 나오는 교도관이었다. 다시 들어가야 하는 걸 잊기 위해 새벽까지 헤매고 다녔다. 아무도 찾아오지 않는 날에는 차를 몰고 졸음이 쏟아질 때까지 갔다. 히터를 틀어 놓고 눈을 붙였다. 제대로 쉰 하루가 없는 날들이었다.

문을 닫아걸고 놀아 버려도 세상이 망한다거나 누가 죽어 없어진다거나 하지는 않았다. 나는 눈을 뜨자마자 시간부터 확인했다.

12시가 되기 전에 카페 문을 열어야 했다. 그건 나와의 약속이었다. 나 스스로 건 자기최면이었다. 늦어도 12시까지는 카페 문을 열고 불을 켜고 난로를 피우고 밀린 설거지를 하고 술을 시키고 없는 재료를 시켜야 했다. 12시간 동안 카페를 벗어나지 못했다. 음악이 듣기 싫어 휴지를 말아 귀를 막았다.

나는 최소한 3~4일 간격으로는 집에 들어가 세탁기를 돌렸다. 보일러가 터질 듯이 추운 날에는 집에 들어가 보일러를 틀었다. 때 탄 의자 보를 벗겨 빨아 널었다. 애드벌룬을 띄우고 수직으로 분양 광고 현수막을 내건 태양빌라는 몇 달째 분양이 되지 않았다.

나는 달빛을 통해 태양빌라를 보았다. 거긴 열이 남아돌아 보일러는 필요 없을 것 같았다. 짧은 옷을 입은 사람들이 에어컨을 틀어놓고 폭염에 대해 얘기하고 있을 것 같았다. 일상으로 돌아온 나는 아주 조막만해져 부럽지 않은 것이 없었다. 누구를 보아도 어떤 얘기를 들어도 부러운 것뿐이었다.

발바리가 사라지고 이 주일째 되는 일요일 아침이었다. 나는 붉은 매직으로 '금일 휴업'이라 쓴 A4 용지와 스카치테이프를 들고 전셋집 계단을 내려갔다. 카페 문 앞에 붙이고 어딘가로 떠나 적당한 곳에 차를 세우고 물소리나 듣고 올 작정이었다.

나는 골목길에 세워 둔 차에게로 갔다. 세차를 받아 보지 못한 차는 먼지가 엉겨 붙어 가관이었다. 먼지 코팅이 완벽하게 되어 있었다. 와이퍼가 닦아 준 앞 유리를 통해서만 차 안을 볼 수 있었다. 나는 트렁크를 열고 말라비틀어진 걸레를 꺼냈다.

누가 보면 버렸던 차 아쉬워서 주워가는 줄 알겠다. 너도 주인 잘못 만나 때깔 한번 내보지 못하고 참 가련하구나. 나는 차 색상에 먼지 색도 있었음 참 좋겠다고 생각했다. 누굴 태울 일이 없으니 안은 더 엉망이었다. 엔진오일을 교환하러 갈 때마다 카센터 사람들은 얼굴을 찌푸렸다. 제발 세차 좀 하고 다녀요, 했다. 나만 좋으면 그만이지 누구 좋은 일 시키려고 세차를 해. 한번 하기가 힘들지 한번 하기 시작하면 계속 할 수밖에 없었다. 한 번은 백 번 천 번으로 통하는 지름길이란 말도 있었다. 남들 다 하는 거 나는 절대로 할 수 없지. 나는 개나 소나 돼지가 되고 싶지 않거든.

나는 차를 닦는 걸 그만뒀다. 한번 해주면 자꾸 해달라고 성화를 부릴 것이다. 가려운 곳 긁어 주기 시작하면 여기 좀 저기 좀 하면서 자꾸 긁어 달라고 덤빌 것이 분명했다. 나는 백미러만을 닦고 걸레를 트렁크에 넣고 닫았다.

골목길에는 양동이에 쇠파이프를 넣고 찍어낸 콘크리트 덩어리가 군데군데 서 있었다. 차를 세우는 문제로 새벽까지 전쟁을 치르고 있었다. 어떤 놈이 여기에 차를 세웠느냐 소리부터 지르는 사람, 바퀴 바람을 빼거나 옆을 긁어 놓는 사람, 전화를 걸어 당장 차 빼라고 겁부터 주는 사람, 포기하고 다른 자리를 알아보는 사람 등 종류가 다양했다. 나는 시동을 걸어 놓고 히터가 나올 때까지 밖에 서서 담배를 피웠다.

언제 어디서 다가왔는지 개 한 마리가 옆에 붙어 꼬리를 흔들었다. 어디에선가 보았다 싶은 얼굴이었다. 널 어디서 보았더라?

어디서 보았더라? 개는 바지에 등을 비비면서 뒹굴었다. 내가 널 어디서 보았나? 나는 퍼뜩 생각이 안 잡혀 한쪽 손으로 이마를 짚었다.

개는 살이 쪄서 털가죽이 터질 것만 같았다. 너 어지간히 먹는 거 밝히는 놈인가 보다. 털은 왜 그 모양이니? 벼룩이 서식하기에 최적의 환경이었다. 원래 털은 먼지 색인데 흰색 염색을 했던 모양이었다. 염색한 지 오래 되어 속엔 먼지 색이 반을 차지하고 있었다. 개는 바지자락에 등을 비비고 핥았다. 분명히 어디선가 본 놈이었다.

나는 개의 코에 있는 점을 보고야 말았다. 그놈은 몇 주일 전에 사라졌던 발바리였다. 어안이 벙벙해졌다. 나는 몇 주일간 집을 나갔던 적은 없었기 때문이다. 기껏해야 3~4일이고 길어야 일 주일이었다. 그래도 잊지 않고 찾아왔구나. 발바리의 부모는 아니었지만 눈물이 다 나왔다.

발바리를 안고 집으로 들어가 목욕을 시켰다. 아주 시커멓게 땟물이 나왔다. 나보다는 네가 더 험하게 살았구나. 어디서 무엇을 얻어먹고 살았는지 모르겠지만 배가 터질 정도가 되니 겨우 집 생각이 났구나. 새끼를 낳아 달고 들어왔으면 나는 너를 모른 척 차를 타고 떠났을 것이다. 발바리는 드라이기로 물기를 말려 주는데도 바들바들 떨었다.

나는 목욕시킨 발바리를 옆자리에 태웠다. 그러고는 양수리를 향해 차를 몰았다. 소리 나지 않는 물이나 실컷 보고 올 작정이었다. 너는 그동안 어디 갔었니? 물어도 얼굴을 쳐다보며 고개를 갸우뚱거리는 발바리. 물어도 외면하고 딴 짓을 하는 발바리를 옆자리에 태우고 물가에 가서 눈 낚시나 할 작정이었다.

죽는 날까지 같이 살아야 한다면 이 주일쯤 서로 애를 태우면 어떠랴. 이 주일쯤 서로 잊고 있으면 또 어떠랴. 발바리는 끝내 집을 잊지 않았고 집을 지키는 나를 잊지 않았다. 돌아가고 싶어도 돌아갈 집이 없는 사람의 심정은 어떨까. 돌아갈 집은 있지만 어디 갔다 왔니? 물어 줄 사람이 없는 사람의 심정은 어떨까. 어디 갔다 왔니? 그 대답을 어찌 말로 다 할 수 있을까. 너 어떻게 살았니? 그 대답을 듣기 위해서는 우리들 생이 너무나 짧다.

오디가 익을 무렵

그는 경운기 운전을 잘했다. 한 번도 경운기로 사고를 내지 않았다. ㄱ 자 커브는 물론 ㄱ 자 커브를 속도를 줄이지 않고, 입에 담배필터를 질끈 씹어 물고 잘 꺾었다. 그는 말수가 적어 오해나 빈축을 사기도 했다. 동네 사람들은 그가 노총각으로 늙어 죽을 줄로 알았다. 그는 초등학교 졸업장을 가진 농촌 총각이었다. 그것도 빈농의 맏아들이었다. 그는 묵묵히 일만 했다. 그에게 일을 맡긴 사람들은 만족해했다. 시키는 대로 척척 알아서 일을 끝냈다. 맡긴 양을 초과 달성해 놓았다. 그는 일복이 많은 사람이었다.

그는 놀랍게도 서른이 안 되어 결혼식을 올렸다. 사람들은 결혼식 날까지 거짓말로만 알았다. 누가 저이에게 시집온다는 말이야. 그의 결혼식은 읍내 결혼식장에서 올려졌다. 사람들은 벌어진 입을 끝내 다물지 못했다. 서울 색시라네. 서울 태생인데 농촌이 좋아 시집온 거래. 집에서는 결사반대를 했대. 누구도 결혼식장에 나타나지 않았대. 신부 측에서는 친구 몇 명만 왔었다나 봐.

그의 얼굴은 항시 웃는 상이었다. 그러나 사람들은 예쁜 신부를 맞은 다음부터 그가 웃는 상이 된 줄로 알았다. 그는 묵묵히 자기 할 일을 했다. 그는 그 일에 만족하고 있었다. 그는 집안일을 돌보고 날품을 팔아 논밭을 늘려 나갔다. 그는 동네 방앗간에서도 일을 했다. 집집을 찾아다니며 경운기로 도정할 벼 가마니를 실어오고 실어 날랐다.

그는 새마을 모자를 눌러썼다. 앞에 새싹 무늬 마크가 붙은 모자였다. 팔에는 토시를 꼈다. 그의 얼굴에는 쌀겨가 묻어 있었다. 옷에는 왕겨가 붙어 다녔다. 그는 일복이 터진 사람이었다.

사람들은 일 잘하는 사람으로 그를 첫 손가락에 꼽았다. 그를 사서 일을 하기 위해서는 최소한 일 주일 전에 예약해야 했고, 몇 번이나 확인 절차를 거쳐야 했다. 그는 사람들이 어떻게 대하든 말하기를 꺼려했다. 그는 잔바람에도 부끄러움을 타는 여린 나뭇잎이었다. 원순이 형. 그 이름만 들어도 순함이 떠올랐다. 그는 지금은 없어진 '환희' 담배를 피우고 다녔다. 사람들 사이에 끼여 없는 듯 술을 마시던 원순이 형.

한 번은 슈퍼에 담배를 사러 갔을 때였다. 그 형은 뒤가 난 염소를 끌고 뒤를 얹으러 가던 길이었다. 그도 담배를 사러 정류장 표지판 쇠기둥에 염소를 매놓고 슈퍼에 들어왔다. 슈퍼 여자는 뚱보였고 입이 걸었다. 졸부 집 큰딸 같았다. 그 여자가 형에게 말을 붙

였다.

"염소 팔러 가나유?"

"뒤가 나서 뒤 얹으러 가유?"

"뭐 하러 거기까지 걸어간대유? 힘들게."

형은 담배를 받아 들고 밖으로 나갔다. 그 둘은 나이가 비슷할 거였다. 나가는 그 형 뒤에 대고, 여자가 한 마디 명언을 붙였다.

"아저씨가 직접 붙여 주면 되지. 뭐 하러 힘들게 거기까지 걸어간대유?"

나는 그 형의 빨개진 얼굴을 보았다. 염소 고삐를 끄르는, 그 형의 손이 심하게 떨리는 걸 보았다. 나 같으면 정류장 표지판 기둥을 뽑아 슈퍼를 향해 냅다 꽂을 것인데. 그 형은 충분히 그럴 힘이 남아도는데. 그 형은 배가 뽈록한 염소를 서둘러 끌고 걸어갔다. 담배연기가 꼬불거리며 하얗게 날아오르고 있었다.

형은 첫 딸을 낳았다. 형수는 형의 부지런함을 배워 익혔다. 워낙 낙천적인 성격이고 일하기를 즐겨하는 여자였다. 형수는 쉬지 않고 일했다. 동네 땅 덩어리를 다 사들이는 게 꿈인 것처럼. 그 둘은 합심해서 돈을 모았다. 벌 줄만 알았지 쓸 줄을 모르는 사람들이었다. 논밭이 나오기 무섭게 사들이는 재미에 푹 빠져 부부는 닥치는 대로 일을 했다. 좀 쉬고 하지 그래. 그들이 일하는 모습은 '쳐부수기'였다. 금방 밭 한 뙈기를 쳐부수고 다른 밭으로 옮겨갔다. 밭 다 닳겠어? 반질반질하게 밟고 다녀 풀 하나 없이 매서. 풀 종자 다 마르겠네. 사람들이 그들 부부에게 하는 농담이었다.

형수는 둘째를 가졌다. 배가 볼록하게 나온 형수는 종종 우리 집에 품을 팔러 오곤 했다. 구김살 하나 없는 여자였다. 어쩜 말도 저렇게 재밌게 하는지 몰라. 저 여우랑 사는 남자는 얼마나 재밌을까? 여자인 내가 봐도 탐나는데 얼마나 깨가 쏟아질까. 하루에 쏟아지는 깨만 팔아도 금방 부자 되겠네. 나무막대기로 참깨를 털던 아줌마들은 그들 부부 얘기로 해가 지는 줄도 몰랐다.

형수는 서울에서 직장생활을 했었다. MBC에서 하는 〈전원일기〉를 즐겨 보았다.

내 집 짓고 내 땅에서 농사짓고 사는 게 제 꿈이었다니까요. 지금은 얼마나 좋은지 모르겠어요. 탁 트인 공기를 마시는 것만으로도 제 세상에 온 것 같아요. 크게 소집 짓고 소를 한 마리씩 늘려가는 게 이제 제 꿈이에요.

그녀는 가끔 바다일도 나갔다. 서툴었지만 집에서 놀고 있는 건 그녀의 체질에 맞지 않았다. 바구니를 들고 호미와 조새*를 들고 목장갑을 끼고 몸빼 안에 몇 겹으로 옷을 껴입고 조개를 캐고 게를 잡고 굴을 따러 다녔다.

형수는 둘째를 낳다 병원에서 병으로 죽었다. 그때부터 형의 얼굴에 그늘이 드리워졌다. 철딱서니 없는 아이들은 자기네 아빠가 모는 경운기 짐칸에 서서 발을 구르며 놀고 있었다.

아이들은 엄마 손길 없이도 무럭무럭 잘 자랐다. 그가 텃밭에서

---

* 굴을 쪼아 따는 기구

기르는 무와 배추처럼 시퍼렇게 잘 자랐다. 형은 주위 사람들이 재혼하라는 말을 할 때마다 고개를 가로저었다. 그때마다 방문만 열면 보이는 형수가 묻힌 산등성이를 쳐다보았다. 눈에 김이 서리는가 싶더니, 곧바로 두 줄기 눈물이 볼을 타고 내렸다.

형은 방앗간 일을 했다. 펑 펑 공중에 공포를 쏘아 올리던 방앗간 굴뚝 밑에서 형은 먼지를 먹고 살았다. 밀려드는 햇살 줄기에 먼지는 쉴 새 없이 떠다녔다. 그는 형수의 영혼일지도 모르는 먼지를 먹고 살았다. 거나하게 술을 걸친 형의 모습은 측은했다. 홀아비, 홀아비, 나는 홀아비라는 말을 씹어 삼켰다. 내게는 가장 측은한 낱말이 홀아비였다.

그는 가끔 낚싯대를 들고 냇가에 앉아 땡볕을 맞고 있었다. 아프리카 원주민 같은 그의 피부는 몇 년이고 교환 안 한 엔진오일 같았다. 개골창에서 방금 퍼 올린 진흙 같았다.

그는 밤늦게까지 일을 했다. 더 늦게까지 술을 얻어 마셨다. 그는 매일 위로주를 먹고 취해 경운기를 몰고 돌아갔다. 그의 경운기는 다 썩은 그의 속에서 나오는 듯 시커먼 매연을 쏟아 놓고 다녔다. 그는 말 못하는 짐승이었다. 속이 없는 사람이었다.

그는 새로 집을 짓고 이사 와 얼마나 좋아했는지 모른다. 어미돼지 한 마리를 때려잡고 동네 사람들을 다 불러 잔치를 벌였다. 잔치는 질질 끌어 3일이나 연장되었다. 막걸리 배달 트럭이 그 집으로 뻔질나게 드나들었다. 새 집 방문 앞에 '家和萬事成' 액자가 걸려 있었다. 큰독에 담아 놓은 막걸리는 밥 먹을 때마다 찾아온 동네 사람들 배로 들어가고 없었다. 집 지은 기념으로 바깥마당에는 사과나무 두 그루와 은행나무 두 그루, 대추나무 두 그루가 심겨졌다. 새로 지은 집은 담을 치지 않았다. 답답하고 공기가 잘 통하지 않는 것 같다는 게 그 이유였다.

그가 지은 집 옆에는 뽕밭이 있었다. 일제 강점기에 일본사람 머슴 살던 어떤 어른이 일본사람 떠난 틈을 타 슬쩍 챙긴 뽕밭이었다.

그 형은 나와는 10년 차이가 나지 않는다. 그런데 그 형은 나보다 20년쯤 더 산 것 같았다. 아주 어려서부터 집에서 일하는 모습을 봤기 때문이었다. 그는 내가 살던 산 고랑에서 살았다. 소에게 먹일 풀을 베 지게에 동산처럼 지고 집으로 가곤 했었다. 우리는 오디를 따먹기 위해 숨어서 일본사람 머슴 살던 어른 눈치, 그 집 식구들 눈치를 보았다. 익기 전의 오디는 솜털이 보송보송 난 또래 여자애들 얼굴 같았다. 어쩌다 눈길만 마주쳐도 심술이 나는 또래 여자애들의 상기된 얼굴이었다. 익은 오디는 한겨울 날 떨다 들어온 사람들 입술이었다.

무사히 뽕밭으로 숨어든다면 그 다음부터는 걱정 안 해도 되었다. 뽕밭 앞에는 어느 누가 만들어 세운 팻말인지가 서 있었다. 우리 동네에서는 오디를 '오대'라 불렀다.

'오대에 농약 발라 놨씀. 먹고 죽어도 책임 안 짐.'

우리는 거짓말인 줄 다 알고 있었다. 웃기고 자빠졌네. 네가 농약 발라 놨음 내가 살을 다 지진다 임마. 십 원짜리 하나 갖고도 벌

벌 떠는 주제에. 논밭에도 아까워 못 치는 농약을 다 발라 놨어. 지나가던 개가 울을라. 날아가는 새가 똥 깔길라. 네 속고쟁이 다 보인다 임마. 우리는 믿지 않았다. 믿을 가치가 없는 인간이 써놓은 협박 문구였다. 배가 터지도록 오디를 따먹고 가져간 바구니에도 가득 따서 담았다. 풀숲에 감춰 놓고 아껴 먹을 작정이었다.

우리는 오디를 따먹고 나가면 벙어리가 되어야 했다. 잘못해서 혀를 보이면 혼쭐이 나기 때문이었다. 혓바닥에 핏자국 있네. 너 오대 훔쳐 먹었지. 농약 묻혀 놓은 거 먹고 뒈지고 싶어서 그래. 그 노린내 나는 노랭이 영감에게 들키면 다리몽둥이 성할 것 같아서 그러는가 보지 자꾸.

그 다음부터는 눈을 감아야 한다. 종아리를 걷어 올리고 회초리를 받아야 한다. 찰싹찰싹할 때마다 눈을 더 질끈 감아야 한다. 잘못했어요, 한 번만 용서해 주세요, 하면 끝나는 것을.

나는 자존심이 상할까 봐 그렇게는 못한다. 차라리 뜀박질로 멀리 도망갔다가 밥 먹을 때 집 근처에서 어슬렁거리면 불러 주겠지. 누가 불러줄 때까지의 시간은 길고 긴 고무줄이었다. 당겨도 끝이 안 나오는 헐렁한 고무줄의 길이였다.

그에게는 귀가 한쪽 없는 동생이 있었다. 그는 동생에게 집토끼 가죽으로 안에 볏짚을 둥글게 말아 묶어 넣은 도넛 모양의 귀 가리개를 만들어 주었다. 검은빛 집토끼 가죽의 털은 바람이 불 때마다 보드랍게 귀를 열었다. 형은 동생을 데리고 다녔다. 어떤 날은 지게에 동생을 태우고 다녔다. 리어카에 동생을 태우고 다니기도 했다.

나는 그와는 한 마디의 말도 주고받지 않았다. 그나 나나 숫기가 없었기 때문이다. 그가 가는구나, 그가 오는구나, 무엇인가 하는구나, 그의 존재는 풍경 속에 함몰된 흐릿한 형체에 지나지 않았다.

언젠가 뽕밭에 몰래 갔을 때였다. 그는 거기서 뽕나무 기둥 하나를 잡고 흐느껴 울고 있었다. 그를 처음 보았을 때 나는 오디를 흔들어 터는 줄로만 알았다. 살금살금 다가간 나는 그가 운다는 것을 알았다. 그는 격렬하게 울고 있었다. 어깨가 들썩들썩했다. 그의 손엔 나일론 끈이 들려 있었다. 나는 유일한 관객이 되어, 그 풍경 속에 오랫동안 들어앉아 있었다. 그의 중얼거림이 내 귀를 파고들었다.

"내가 죽어 버리면 다 끝나!"

그는 울먹이기를 멈추고 뽕나무 위로 올라갔다. 뽕나무가지에 나일론 끈을 묶고 올가미를 만들었다. 목을 매달려고 하나 보다. 왜 저렇게 죽으려고 드는 거지? 그의 행동을 이해할 수 없었다. 나는 그의 뜨거운 눈을 보았다. 갑자기 무서운 생각이 들었다.

그가 죽으려고 하는 게 아니라 마치 나를 잡아다 거기 목매달려고 하는 것 같았다. 나는 어서 어른을 불러와야 된다고 생각했다. 나는 단축마라톤 선수로 변해 집으로 뛰어갔다. 집에는 아무도 없었다. 나는 헛간으로 가 낫 하나를 집어 들고 뽕밭으로 뛰었다. 그가 벌써 죽어 있을 것 같았다. 나는 사람이 죽은 걸 한 번도 보지 못했다. 그를 뽕나무가지에서 끌어내려 바닥에 쓰러뜨렸다. 나는 다시는 뽕밭에 가지 않았다.

그 형은 20여 년을 더 살다 죽었다. 방앗간 주인은 가기 싫다는 그를 무거운 그물이 가득 실린 트럭에 태우고 바닷가 횟집으로 갔다. 전작이 있던 방앗간 주인은 회를 시켜 술을 마셨다. 집에 가겠다고 아이들 기다린다고 보채는 그를 달래 트럭을 몰고 읍내에 볼일을 보러가는 길이었다. 방앗간 주인은 술이 취해 제대로 앞을 볼 수 없었다. 1킬로미터를 머릿속을 더듬어 기적같이 운전했다. 커브길 아래는 저수지였다. 차는 저수지로 엎어져 들어갔다. 방앗간 주인은 운 좋게 열린 창문으로 나올 수 있었다. 그는 차가 구르는 충격으로 열린 문밖으로 나가떨어져 쏟아진 짐칸의 무거운 그물 더미에 깔렸다. 그는 끝내 저수지 바닥에서 발견되었다.

아이들은 부모 없이도 잘 자랐다. 아버님 회갑 잔치 날에 보니 아이들은 제 아버지를 빼다 박았다. 아이들은 할머니를 따라와서는, 하루 종일 놀았다. 나는 이쪽저쪽 쫓아다니며 술잔에 술을 채워 주고 술잔을 받았다. 큰 아이는 눈망울이 또랑또랑했다. 내 뒤를 장난치며 따라다녔다.

"그런데 아저씨, 술고래 맞지?"

아이는 금방 친해져서 술을 한 잔 마실 때마다 허벅지 어딘가를 꼬집어 비틀곤 했다.

"그런데 아저씨는 왜 그렇게 술 먹어?"

"그건 주니까 마시는 거야. 안 주면 어떻게 마실 수 있겠어? 하늘이 주고 땅이 주고 사람들이 주니까."

"아저씨 바보 맞지? 시 쓰는 바보 맞지?"

"시 쓰는 건 위대한 거다 너. 위대하니 술도 많이 먹잖니."

하루 종일 팽이를 돌리고 팽이를 따라 돈 하루였다. 그 애가 뒤에 있어, 자꾸 참견해 줘서 시간 가는 줄도 몰랐다. 지금 돌아보니, 나는 그 애 이름도 물어 보지 못했다.

내가 몇 달 동안 살았던 '삼막마을' 입구 다리 앞 길 건너편에 어린 뽕나무 한 그루가 있었다. 넌 언제 커서 오디를 갖니? 내가 그때를 보고 죽을 수 있을라나 모르겠다. 나는 어린 뽕나무 옆에 쭈그리고 앉아 소나기가 퍼붓고 간 뒤 뽕잎에 튀어 올라 있는 흙을 닦아 주었다.

나는 어린 뽕나무의 미래를 거의 완벽하게 알고 있었다. 그러나 뽕나무에게는 들려 줄 수 없었다. 내 말귀를 알아듣는다 해도 미래를 들려주고 나면 뽕나무의 일생은 재미없어질 게 뻔했다. 이름을 묻지 못한 그 아이의 일생도 그럴 것임에 틀림없다. 내가 뽕나무의 일생을 알 듯 내 일생을 훤히 아는 신이 있다면, 내가 묻는 미래를 알려 주지 않을 것이다. 재미없어지잖아. 신은 그렇게 잘라 말할 것이다.

맨홀

맨홀에 철판을 덮어 놓았다. 모서리가 들린 철판 위로 바퀴들이 지나다닌다. 그때마다 쥐덫이 채워진다. 고구마를 깎아 쥐덫에 꽂아놓았다. 쥐덫이 채워질 때마다 고구마 살이 보인다.

사무실에서 밤을 새울 때마다 쥐덫에 시달린다. 노란불이 깜박거리는 거리, 사거리 방향으로 차가 지나간다. 나는 그때마다 쥐덫에 채워진다. 깎아놓은 고구마 살을 지켜본다. 나는 쥐가 아니라는 사실을 확인한다.

맨홀 철판이 뒤척일 때마다 맨홀 안을 들여다본다. 서늘한 그곳, 악취가 역류하는 그곳, 삼십 몇 년 전, 맨홀 속에서 보낸 하룻밤을 돌아본다.

시내에서 하숙집으로 돌아가는 길이었다. 나는 고등학교 2학년이었다. 개천에 핀 달맞이꽃을 보았다. 비스듬히 누워있는 달맞이

꽃을 따 웃옷 호랑(주머니)에 살짝 찔러넣고 냄새를 맡았다.

어둑한 밤길을 걸었다. 액자를 하나 샀으면 좋겠다는 생각을 했었다. 달맞이꽃을 따 액자 유리 속에 눌러 말려놓고 보고 싶었다. 벽에 걸린 가족사진 액자 대신, 달맞이꽃 액자를 걸어놓고 싶었다.

슈퍼를 끼고 돌아 몇 발자국 걸었다. 난데없이 아스팔트가 꺼졌다. 앞서 디딘 발이 아스팔트 속으로 꺼졌다. 나는 앞으로 고꾸라졌다. 뒤에 따라오던 발은 앞선 발을 따라왔다. 나는 꺼진 아스팔트 속으로 끌려들어 갔다. 턱주가리부터 얼굴 마빡까지 꺼진 아스팔트 모서리가 시원하게 긁었다.

나를 받아준 것은 진창이었다. 제발 목욕 좀 하고 살아라. 옆구리 팔 다리도 아스팔트 모서리가 시원하게 긁었다. 나는 정신을 잃지 않으려고 허벅다리를 꼬집었다. 접질린 허리가 숨쉬기를 방해했다. 통증이 몰려왔다. 공사 중이었다. 아스팔트 아래로 별들이 내려왔다.

숨 쉴 때마다 통증이 배가 되어 몰려왔다. 누굴 부를 수도 없었다. 입이 떨어지지 않았다. 이번엔 자존심 때문이 아니었다. 앞도 제대로 보고 걷지 못한 내 잘못이었다. 한눈을 팔고 살았다. 이렇게 될 줄 몰랐다.

고소해 웃는 사람들 얼굴이 눈앞을 어지럽혔다. 입으로만 숨 쉴 수 있었다. 아무 냄새도 맡을 수 없었다. 아스팔트 위 별들만 유릿가루를 뿌리고 있었다. 나는 한 발자국도 움직일 수 없었다. 나는 항복 자세로 손을 들어 아스팔트를 잡으려고 했다. 어림 반 푼어

치도 없는 높이에 아스팔트가 있었다.

나는 내 모습이 어떻게 변했는지 상상하지 않으려고 애썼다. 벙어리 심정이 어떤 것인지 알아가고 있었다.

솜 공장

아무것도 비춰보지 않은 거울이 있었다. 거울 앞에는 나밖에 없었다. 나는 그 거울 앞으로 한 발짝 다가갔다. 그러면서 나는 혼자서 울 수밖에 없었다. 내가 어떤지도 모른 채 유치한지도 모른 채 거울 앞으로 다가갔다. 거울 앞에 다다라 어떻게 해야 하나. 어떻게 하면 좋은가. 또는 걸음을 멈출 수 없는가. 곧 죽는다고 생각하니, 모든 것이 울상이었다.

나는 가끔 친구들을 불러내 술을 마셨다. 재미가 없어지자 하나 둘 떠나가고 나는 혼자가 되었다. 포장마차에 앉아 새벽까지 술을 마셨다.

성수동, 옛날 뚝섬 경마장 담 너머에는 솜 공장이 있었다. 그곳에는 판잣집들이 갯벌의 게처럼 바글거렸다. 직업소개소에 찾아가니 그곳을 소개시켜주었다. 얼마 뒤에 사장이란 작자가 나를 데리러 왔다. 오래 붙어 있어야 한다는 다짐을 받아 쥔 그가 나를 데려간 곳은, 비닐을 뒤집어쓴 기숙사란 데였다. 방 한 칸과 세면장이 하나 딸려 있었다. 퀴퀴한 냄새가 진동했고 먼지가 벽과 천장을 도배하고 있었다. 장판에는 온통 누런 테이프가 붙어 있었다. 나는 막판까지 이런 데서 살아야 한다는데 불만이 없었다. 될 대로 되라는 식이었다. 사장이 돌아가자 사내 둘이 들어왔다. 그들은 앞으로 잘 지내자, 악수를 청했다. 나는 그럽시다, 라고 말했다. 그들은 탄불 위에 올린 양동이를 내렸다. 양동이의 끓는 물을 세숫대야에 붓고 찬물을 섞었다. 구멍이랑 구멍에 달라붙은 솜 찌꺼기를 씻었다. 씻는 것이 아니라 파낸다고 하는 편이 옳았다. 그들이 옷을 갈아입는 걸 지켜보았다. 그들은 가방에서 옷을 꺼내 입었다. 그 옷들은 구겨져 있어서 외출복으로는 어울리지 않는 것이었다.

나는 그들을 따라 밥집에 갔다. 밥집은 판잣집들과 공장들을 지나 대로변에 있었다. 작업복 차림의 공원들이 밥을 먹고 있었다. 밥이 어떻게 저런 입으로 들어갈까? 신기했다. 나는 속이 쓰려 밥 먹는 걸 포기했다. 밥만 보면 노란 위액이 넘어올 것만 같았다. 나는 밥 대신 소주를 시켰다. 그들의 반찬을 안주로 삼았다. 황이란 사내가 입을 열었다.

"좀 먹어둬요. 내일부터 ○팽이 쳐야 할 텐데."

그들은 오랜만에 밥 구경을 하는 걸신들린 사람이었다. 뚝딱 한 그릇씩 비우고, 빈 공기를 번쩍번쩍 쳐들었다.

"아줌마, 밥 한 공기 더!"

그들은 먹는 것으로 고달픈 생활을 보상받아내는 사람들이었다. 그들 앞에 놓인 반찬 그릇도 공중에 번쩍번쩍 올려지곤 했다.

"아줌마, 깍두기 더!"

그곳은 물도 제대로 나오지 않는 동네였다. 공중 수도까지 리어카를 끌고 가서 물을 받아왔다. 그곳의 길바닥은 검은 진흙탕이었다. 그 길바닥을 지나가는 리어카는 춤을 추었고 물은 반이 넘게 흘렀다. 그런데도 그들은 번번이 물을 가득 채웠다. 길바닥에 물을 주는 것도 아니면서, 왜 그렇게 하는지 알 수 없었다. 물통을 채워야 직성이 풀리는 것인지.

공장 위엔 고압선이 지나가고 있었다. 전봇대 위엔 변압기가 붙어 있었다. 할머니가 쭈그리고 앉아 옷 쪼가리들을, 솜 찌꺼기들을, 빗자루로 쓸어 모아 불태우고 있었다. 불길이 전봇대 높이까지 치솟았다. 고압선이 녹아내릴 것 같았고 변압기가 곧 터질 것 같았다. 나는 슬그머니 공장에서 빠져나왔다. 공중 수돗가 구멍가게 앞에 이르러 공장 쪽을 바라보았다. 불기둥은 사라지고 없었다. 검은 연기 속에서 불티만이 탁, 탁, 튀었다.

아침 7시부터 일이 시작되었다. 나는 봉제공장에서 실어온 헝겊 조각들을 색깔대로 고르는 일을 했다. 그 일은 점심 먹기 전까지 이어졌다. 점심은 언제나 라면이었다. 그 메뉴는 오십 일 동안 한 번도 바뀌지 않았다. 사장이란 작자는 빈둥거리다 그 시간이 되면 거래처에 간다고 어디론가 사라졌다. 라면 국물에 먼지들이 앉았다. 처음 며칠은, 그걸 건져내느라 라면 면발이 퉁퉁 불어터졌다.

먼지가 앉지 않은 곳이 없었다. 먼지는 공장 근처 어디에나 두툼하게 앉아 있었다. 어서 와서 앉아요. 하는 것 같았다. 색깔대로 골라진 헝겊들은 절단기에 들어가 잘게 썰렸다. 그 헝겊들을 마대 자루에 꾹꾹 눌러 담아 솜 만드는 기계까지 옮겼다. 헝겊 쪼가리로 솜을 만들다니! 솜은 목화에서만 나오는 줄 알았다. 만들어진 솜은 압축기에 들어가 150킬로그램 이상씩 되게 묶였다. 두 손에 갈고리를 잡고 각지게 묶인 솜덩이를 져 나르는 일은 보기보다 쉬웠다. 솜덩이를 지고 올라간 그 높은 곳, 경마장이 한눈에 내려다보이는 곳, 누구는 골프를 치고, 누구는 골프 치는 사람을 졸졸 따라다니고, 누구는 말을 타고, 누구는 말 타는 걸 보고 고함을 질러대고 있었다. 아지랑이가 머릿속에서 이글거리고, 눈앞에 안개가 끼었다 사라지곤 했다.

기숙사에 있는 검은색 다이얼 전화기는 잠겨 있었다. 황이란 사내가 가끔씩 다이얼에 채워진 자물통을 풀고 전화를 걸었다. 그날은 황이 취해 있는 날이었다. 황은 웃통을 벗어 붙이고 아무에게나 시비를 걸곤 했다. 그의 가슴에는 X자가 그어져 있었다. 틀렸다는 뜻일까? 아니라는 뜻일까? 아니면 아무 뜻도 없는 것일까? 처음 몇 번은 필사적으로 그를 말렸다. 상을 뒤집어엎고 병을 깨고 누구 덤빌 놈 없느냐고 거리를 질주하던 사람. 그도 틀림없이 자기 자신과 싸우고 있었을 것이다. 그 싸움이 지루했고, 언제부터인가 자신을 이길 수 없다는 걸 깨달았을 것이다. 그는 새벽에 벌떡 일어나 물을 찾았다. 물을 들이켜고는 이마를 짚고 중얼거렸다.

일주일에 한번 12톤짜리 트럭이 솜덩이를 실어갔다. 트럭이 들어오는 동네 입구까지 솜덩이를 운반해야 했다. 운반 수단은 하나뿐인 리어카였다. 나는 그때서야 황이란 사내가 했던 말을 알아들었다. ○팽이 쳐야 할 텐데. 리어카 바퀴가 터지기라도 하는 날에는, 실었던 솜덩이들을 내려놓고 펑크를 때워야 했다. 리어카에 셋이 붙어서 1,500킬로그램을 옮겨야 했다. 울퉁불퉁한 길에서 리어카는 제멋대로 춤을 추었다. 운전대를 잡은 황은 장대높이뛰기 선수처럼 하늘로 솟구쳐 올랐다.

"밀어, 밀어, 밀어. 좀 더 힘껏 밀란 말이야!"

회식이 있는 날에도 사장은 꽁무니를 뺐다. 먼저 식당 주인에게 계산을 하고 작은집에라도 가듯이 사라졌다. 그때마다 황은 사장을 잡아오라고 악을 써댔다. 그런 황은, 내가 떠나는 새벽에도 기숙사에 그대로 남아 있었다. 그는 눈을 뜨지도 않고 내게 말했다.

"잘 가! 다시는 이런 데 오지 마!"

나는 그 전날 저녁부터 술을 마셨다. 월급이 없어질 때까지 술집 골목을 쏘시고 다녔다. 그는 불도 켜지 않았다.

서울역에서 표를 끊었다. 나는 황이 일어나 일을 시작할 시간을 재고 있었다. 오늘 밤이나 늦어도 내일 아침이면, 누군가 나 대신 솜을 만들러 올 것이다. 한 달 아니면 기껏해야 두 달을 버티다 떠날 것이다. 나는 고향에 가는 길이었다. 공장 담 밑에서 복사꽃이 피고 있었다. 그 복사꽃 봉오리에 먼지가 앉아 있었다.

신녕*에서 하룻밤

눈 속에 묻힌 철길을 건너려다 말고 뒤를 돌아보았다. 헐벗은 은행나무와 눈 덮인 지붕들, 눈발 속에 희미한 '가야미술학원' 창문 안에 켜진 불빛. 이 길을 가다 보면 송덕리가 나올 것이다. 이 자리는 십 년 전에 그 여자와 헤어졌던 장소였다. 지금 미술학원 자리에 커피숍이 있었던가. 그 여자를 처음 본 것도 이 자리고 마지막 본 것도 이 자리였다. 나는 건널목의 종소리를 들을 때마다 가슴이 답답해져 견딜 수 없었다. 시간이 다 지난 것 같은, 이제 더 이상 기회가 주어지지 않을 것 같은 생각이 들었다.

나는 여자에게 커피숍에 가서 조금만 기다리라고 했다. 여자는 일을 보고 나가는 길이고 나는 일을 보러 가는 길이었다. 여자는

* 경북 영천시 신녕

두 시간을 기다리다 지쳐 밖에 나와 있었다. 나는 여자를 데리고 커피숍에 들어갔다. 노랗게 물든 은행나무들이 창밖에 서 있었다. 나는 부리나케 커피 잔을 비우고 밖으로 나오고 말았다. 여자는 서울을 향해 가고 나는 고향으로 내려갔다.

벽돌 공장이 늘어서 있는 길을 걸었다. 불 꺼진 구멍가게가 나왔다. 창문에 싸구려 꽃무늬 커튼을 달고 있는 구멍가게였다. 십 년 전쯤에 모두 사라져버린 줄 알았던 가게, 시골에 하나씩 있을 법한 가게였다. 트럭이 수천 갈래의 비단실 같은 불빛을 뿌리며 천천히 다가왔다. 나는 길가의 눈구덩이 속에 발을 담그고 트럭이 지나가기를 기다렸다.

눈이 온다고, 점심 무렵부터 술을 마셨다. 백과 나는 역 근처의 포장마차에서 만나 소주를 마시기 시작했다. 술을 마시는 중간에 역에 가서 밤 열한 시 기차표를 끊었다. 어디를 어떻게 돌아다녔는지 알 수 없었다. 중간중간 필름이 끊겨, 정작 술을 마신 시간은 한 시간도 되지 않았다. 백은 역에까지 따라와 손을 흔들어주었다.

문은 안에서 잠겨 있었고, 인기척이 나지 않았다. 금간 유리 테두리에 누런 테이프가 붙어 있었다. 유리의 금을 따라 반창고가 붙어 있었다. 언제 어디선가, 그런 걸 본 것도 같았다. 나는 잠시 망설이다 문을 흔들었다.

"계세요? 아무도 없어요?"

그런 내 목소리는 바람에 날아가고 없었다. 휘잉, 휘잉, 바람이 세찼다. 길 위에 쌓인 눈이 바람에 날려가고 있었다. 언젠가, 나는 바람에 날아가는 눈가루를 보고 죽은 자의 영혼일 거라고 생각한 적이 있었다. 죽은 자들만 날아다니는 밤의 눈길에서, 나는 산 자의 문을 두드리는 영혼일 거라는 생각이 들었다. 한참을 그렇게 서 있었다. 발이 시려왔고, 어깨에 걸친 전동식 타자기 무게가 느껴지기 시작했다. 술이 깬다는 징조였다.

"누꼬? 불이라도 났나?"

드르륵 소리와 함께 방문이 열렸다. 50대 중반으로 짐작되는 아주머니의 목소리가 들렸다.

"술 한 병 사가려고 하는데요."

그러나, 내 목소리는 그곳까지 들리지 않는 모양이었다. 아주머니의 목소리는 신경질이 잔뜩 담긴 그것이었다. 잘못하다가 또다시 경을 치는 건 아닌지. 고등학교 다닐 때 당한 일이 떠올랐다. 늙은이처럼 새벽잠이 없던 나는 네 시쯤 동네 뒷산에 올라가 소리를 질렀다. 그 시간에 동네 슈퍼의 문을 두드렸다. 주인장이 눈을 비비며 나오는 소리가 들리면 그대로 뛰는 것이었다. 커튼 뒤에 숨어서 문 두드리기를 기다린 주인장에게 잡혀 그 짓을 그만두게 되었다. 툭, 걸어놓은 문고리 튀어 오르는 소리가 났고 커튼이 바람에 날렸고 육십대 초반으로 보이는, 그러나 오십대 중반으로 짐작되는 아주머니의 얼굴이 튀어나왔다. 나는 커튼 뒤에 숨어 있던 슈퍼 주인을 생각하고 있었다. 흠칫 놀라서 한 걸음 뒤로 물러섰다.

"미안해서 어쩌지요. 추워서 소주나 한 병 마실까 하고…… 왔는데……."

아주머니는, 살다 보니 별의별 인간 다 보겠다는 표정을 지었다. 아주머니는 늘어진 내복 차림이었다. 어서 안으로 들어오라, 한 걸음 뒤로 물러섰다. 가게 안에 들어서자 중풍 말기 환자가 된 것처럼 온몸이 떨렸다. 아니 거친 바람에 작은 나무가 흔들리는 형상이었다. 진열장은 비어 있었고 먼지가 쌓여 있었다. 오지의 버스정류소엘 들어온 기분이었다. 살 것 있으면 빨랑 사가라, 아주머니는 팔짱을 끼고 마루에서 발을 굴렀다. 그 동작은 털이 다 빠진, 털이 빠지지 않았어도 날지 못하는 거위를 연상시켰다.

"소주하고, 문어발 누른 거 주세요."

나는 옛 하숙집에 가서 잘 생각을 하고 있었다. 그럴 경우를 대비해서, 가끔씩 전화를 해두었다. 나는 추위를 견디며 내가 쓰던 방의 연탄불을 떠올렸다. 아랫목에 검게 탄 자국이 있는 장판이 깔린 방이었다.

"얼마죠?"

나는 파카 주머니를 뒤지기 시작했다. 〈캡틴큐〉나 '사나이 가슴에 불을 당긴다' 그런 광고 문구가 떠오르는 〈삼바 25〉는 그 가게에 있지 않았다. 왼쪽 오른쪽, 안쪽의 왼쪽 오른쪽, 그리고 자크가 달린 윗주머니를 뒤져도 거기 있으리라 믿었던 지갑이 손에 잡히지 않았다. 그럴 리가 없는데. 바지 주머니를 뒤져봐도 상황은 반전되지 않았다. 동전 몇 개뿐이었다. 아주머니는 어이없다는 표정이었고, 그런 표정을 올려다본 내 얼굴은 붉어지고 있었다. 그런 붉어짐은 마음에서 얼굴까지 도달하는 데 많은 시간이 필요하지 않았다.

"어쩌지요, 미안해서……."

나는 타자기라도 맡길 생각을 했다. 어렵게 깨워놨는데, 다 망쳤다는 생각에서였다. 아주머니는 그런 내 심정을 읽기라도 하였다는 듯이 말을 꺼냈다.

"그래, 이 밤에 어디까지 가는교?"

"송덕리까지 가는데요."

"송덕리가 어덴교?"

아주머니는 생전 처음 들어보는 지명에 '어덴교'라는 말을 꺼냈다. 나는 그때서야 여기가 성환이 아니라는 걸 알아차렸다. '잘못 내렸구나' 그와 동시에 '이젠 어떻게 하지'로 옮겨갔다. 이런 빌어먹을, 그 순간에 아버지의 불그스름한 얼굴이 나타났다. '정신 못 차리다 얼어죽기 십상이지' 아버지의 얼굴은 그런 말을 하고 있었다. 어쩔거나, 아주머니는 불쌍한 청춘을, 그 답답한 속을, 날카로운 혀로, 끌끌끌 긁어내었다. 그때, 방안에 불이 켜지고, 아주머니의 막내둥이 아들쯤으로 보이는 청년이 체육복 차림으로 등장했다.

"청량리 가는 첫차, 일곱 시 넘어야 있는데……."

얼어붙어 있는 시계를 보았다. 새벽 한 시가 조금 넘어 있었다. 나는 폐를 끼쳐 미안하다는 말을 주문처럼 외우며 밖으로 나왔다. 빌어먹을, 눈을 걷어차면서 비틀비틀 역을 향해 걸어갔다.

기차 안엔 사람들이 가득이었다. 미리 표를 끊어놓았으니 망정이지 서서 갈 뻔했다. 나는 자리에 앉자마자 곯아떨어졌다. 잠깐 정신이 들었을 때, 기차가 서 있었다. 뿌연 차창 밖을 내다본 게 화근이었다. 역사驛舍와 성환역成歡驛이란 간판이 보였다. 나는 부랴부랴 타자기를 들고 일어나 사람들이 들어찬 통로를 비집고 나왔다. 순식간에 일어난 일이었다. 어쩌자고 무턱대고 내리게 됐는지 알 수 없는 일이었다.

나는 있는 힘을 다하여 이를 악물었다. 속에서 짐승이 우는 소리가 나왔다. 속았어, 너무 일찍 내렸어, 이렇게 일찍 내리는 게 아니었어. 마음속으로 짐승은 우는지 신음소리를 내는지 괴상망측한 소리를 만들어내고 있었다. ○○의원 앞 전봇대에 가로등이 걸려 있었다. 건물 벽에 수직으로 붙은 담쟁이 덩굴이 보였다. 함박눈은 더욱 커져 바람에 큼지막한 빗살무늬를 그어대고 있었다. 눈길이 끝나지 않을 거라는 생각이 들었다. 이제 어떻게 해야 할지. 이렇게 걷다가 눈길에 묻힐 거라는 느낌을 떨쳐버릴 수 없었다. 얼마 전에 지나쳤던 길인데, 이젠 낯설어져 어딘지 종잡을 수 없었다. 역 근처엔 슈퍼와 정육점, 선물 코너가 있었고, 여인숙이 세 개였던 걸로 기억된다. 그때는 한밤중이었다. 이젠 내가 내린 역명驛名도 헷갈려 알 수 없게 되었다. 그 역에서 내린 사람은 나 하나뿐이었다. 내가 내린 기차에 탄 사람도 없었다. 성환은 경부선을 타야 내릴 수 있는데, 내가 타고 온 기차는 중앙선을 달렸다. 성환역은, 내가 조금 전에 타고 왔던 무궁화호가 서지 않는 곳이었다. 내가 성환에서 타고 내렸던 기차는 완행 열차였다. 역마다 섰다 가는 바쁠 것 없는 기차였다. 잠들어도 내릴 곳을 지나칠 염려를 하지 않아도 되는 느림보 기차였다.

언젠가 부산에 갔었다. 돈이 떨어져 삼랑진까지만 표를 끊고 돌아오는 기차를 탔다. 배가 고파서 잠든 사람들의 눈을 피해 바닥에 떨어져 있던 '못생겨도 맛은 좋아 메치메치바', 이빨 자국이 남아 있는 초콜릿을 집어 들고 화장실에 가 먹던 기차.

등 뒤에서 불빛이 비쳤다. 오토바이 한 대가 다가오고 있었다. 오토바이는 내 옆구리에 와서 고장 난 듯 멈췄다. 가게에서 봤던 그 청년이었다. 방이 하나라서……, 차비라도 하라며, 오천원 권 지폐를 파카 주머니에 꾹 질렀다. 나는 무슨 말을, 어디서부터 꺼내야 할지 몰라 그대로 서 있었다. 부르릉, 청년은 왔던 길로 오토바이를 달리기 시작했다. 꿈속의 일 같았다. 나는 내 볼에 눈물이 흐르는 걸 느끼고 있었다. 그러나 그 눈물은 차가운 것이어서 예리한 조각도로 볼을 긁는 아픔을 주었다.

내가 빠져나오기 무섭게 역무원은 역사의 불을 끄고 문을 걸어 잠궜다. 아까는, 그 소리가 아무런 여운도 남기지 않았다. 나는 굳게 잠긴 역사의 문 앞에 다다라, 내가 감옥에 갇힌 것을 깨달았다. 언제 열릴지 모르는 문 앞에 쭈그리고 앉았다. 몸이 떨렸다. 얼마 안 가서 뼈만 앙상하게 남을 것 같았다. 옷 속에 온갖 종류의 뼈다귀들이 흩어져 있는 모양을 상상할 수는 있어도, 그렇게 될 수는 없었다. 역사 안에 불빛이 남아 있지 않았다. 내 짧은 상식으로 비춰 봐도, 간이역이라고는 해도 숙직을 서는 역무원은 남아 있을 것이 분명했다. 문을 흔들다 종말로 가서는 발로 걷어차기까지 했건만 안에서는 아무런 반응이 없었다. 여인숙에 들어가서 사정해서 잠을 잘까 생각했으나 잠을 자는 것보다는 이런 지옥에서 한시라도 빨리 벗어나야겠다는 생각이 앞섰다. 일곱 시까지만 기다리면 스팀이 들어오는 기차를 탈 수 있다. 그 일념 하나만으로 문을 걷어차기까지 했는데, 필시 역무원이라는 작자는 늙어서 귀까지 막혀버린 사람일 거라고 결론지었다. 담뱃불 하나로 추위를 몰아내고 있었다. 한 시간을 떨다가 시간을 보면 몇 분이 지나지 않았다. 그때, 소변이 마려웠다. 화장실의 문도 잠겨 있었다. 대한통운 몇 대가 서 있는 게 보였다. 소변을 볼 생각으로 역사 옆으로 돌아갔는데, 흐릿한 불빛이 커튼 속에서 비쳤다. 난로의 불인 것도 같았고 잠잘 때 켜놓고 자는 흐린 불빛인 것도 같았다. 그 문은 안에서 잠겨 있었다.

"문 좀 열어주세요. 제발 문 좀 열어주세요……."

그렇게 몇 번이고 문을 흔들고 걷어찼다. 한참 뒤에 부스럭거리는 소리가 들렸고 플래시가 켜졌다. 덜커덕 문이 열렸다. 아저씨는 말이 아닌 내 몰골에 플래시 불을 들이댔다. 나는 난로 옆에 놓인 의자에 앉았다. 잘 주무시던 아저씨의 훈계가 얼마만큼 지루했는지, 나는 기억해낼 수 없다. 나는 난로 쪽으로 허리를 구부리고, 오토바이 소리로 코를 골며 잤기 때문이다.

공주에 가는 날에는 비가 내렸다

공주터미널 건너편 지하에는 '휴영'이란 이름의 커피숍이 있었다. 진한 고동색 통 유리문을 밀고 들어서면 밤알 속으로 들어온 듯 얼굴이 하얀 그녀가 엽차를 앞에 놓고 」으로 앉아 두 눈으로 종이꽃을 바라보고 있었다. 그녀는 키가 크고 말라 바싹 마른 통나무를 깎아 만든 인형 같았다. 한 번도 안 자른 머리는 발이 검고 알이 굵었다. 윤기가 잘잘 흘러내렸다. 그녀는 말이 없는 대신 속으로 웃는 웃음이 많았다. 그녀는 기침을 참듯 손으로 입을 가리고 조금만 웃음을 흘렸다.

공주에 가는 날에는 비가 내렸다. 세 번 네 번 공주에 가는 날마다 비가 내렸다. 공산성公山城을 오르는 계단 우측에 좌판을 벌려놓고 산성막걸리를 파는 아줌마들이 있었다.

"이상한 일도 다 있지? 오빠만 오면 비가 내려요."

그녀는 나를 비를 몰고 다니는 남자라고 말했다. 나는 비구름이었다. 산을 넘어 몰려와 하늘을 뒤덮고 비를 뿌리고 어느새 포장을 걷는 비구름 먹구름이었다. 파라솔 쳐진 좌판 의자에 앉아 쥐포 하나에 산성주山城酒 한 병을 다 마셨다. 그녀는 점점 눈이 커졌다. 뭐 이런 인간이 다 있나? 이것이 인간인가? 하는 눈이었다.

공주에 가는 날에는 비가 내렸다. 나는 첫차를 타고 가서 막차로 돌아왔다. 날씨는 변덕을 부렸다. 나는 먹구름을 몰고 가서 한바탕 비를 뿌리고 돌아왔다. 그녀는 언제나 흥미롭지 못했다. 그녀는 나무를 깎아 만든 인형이라 무뚝뚝했다. 그녀는 곰나루에 가서 전설을 들려줄 때에도 마찬가지였다. 내가 곰나루 강변에 텐트를 치고 비 오는 며칠을 지낼 때에도, 그녀는 무뚝뚝하게 찾아와서는 밥이나 제대로 찾아먹나 확인하고 돌아갔다. 어머니가 입원한 병원에 간병하러 가는 그녀의 창백한 얼굴은 특등품 밀가루 넓적하고 기다란 반죽 같았다. 티 하나 없는 그녀의 얼굴은 거울에도 비치지 않을 것 같았다. 그녀는 무슨 말을 하려다가도, '아냐'라는 소리로 끊어버렸다. 그녀는 갈대빗자루로 거미줄을 걷듯 딱 끊어버렸다. 너는 알바 아냐. 네가 알아서는 안 되는 일이지. 네까짓 게 뭐 알겠어. 백 날 천 날 술이나 탐하는 인간이! 그녀는 거미줄을 걷어냈고, 거미줄이 걷힌 그녀와 나 사이를 가르는 건 비였다. 우산을 함께 쓰고 간 공산성, 무녕왕릉, 곰나루터. 시장 골목의 허름한 선술집. 몇 군데의 밥집. 떨어져 앉아 바라보던 금강. 축축이 젖은 모래사장. 앞뒤서 걷던 금강다리. 밀려 있는 차들의 브레이크 등.

나는 아침부터 산성막걸리를 먹고 걸음걸이와 머리가 풀렸다. 제대로 걸을 수도 없으면서 그녀를 뒤따르게 하고 시장바닥을 헤맸다. 나는 걸으면서 '휴영'을 생각했다. 그녀의 집이 있는 신관동에는 방송중계탑이 때때로 붉은 불빛을 전파하고 있었다. 내 머릿속에서도 마음속에서도 철공소 자잘한 불똥이 튀었다.

나는 여인숙을 잡고 그녀를 돌려 세웠다. 그녀는 골목을 돌아나가면서 세 번 뒤를 돌아보았다. 나는 물속에서 물을 끼얹듯 그녀에게 손짓을 보냈다. 이게 아닌데 '휴영'은 이게 아닌데…… 그녀는 물세례를 맞아 눈가에 묻은 물기를 훔쳐내고 있었다. 그녀가 빠져나간 골목 끝에서는 급히 오가는 자동차 전조등이 요란스럽게 엉킨 비단실타래 빛을 뽐내고 있었다.

"우리 동네엔 방송중계탑이 있어요. 잊을 만하면 깜박하는 불빛에 놀라곤 해요. 난 집에 매여 평생을 살아야 할까 봐요."

그녀는 자신의 직장에 대하여 언급하지 않았다. 나는 그녀에게 아무런 보탬이 안 되는 인간이었다.

여인숙은 수도가 몽땅 얼어붙어 물 한 방울 나오지 않았다. 그녀는 출근 전에 여인숙으로 찾아왔다. 그녀는 어찌 알았는지 보온통에 온수를 담아왔다. 수건에 물을 적셔 고양이 세수라도 할 수 있게 해주었다. 거울을 보고 얼굴과 목을 문질러 닦는 모양을 지켜보았다. 나는 거울 속의 그녀 얼굴이 환하게 꽃피는 걸 보았다. 내 눈과 마주친 그녀의 첫 웃음은 봄눈처럼 녹아버렸다.

나는 아침햇살이 차창에 일렁이는 첫차를 타고 금강을 건넜다.

길이 남을 다리를 건넜다. 눈을 뭉개고 달리는 차 바퀴소리에 눈이 뜨이곤 했다. 나는 어느 겨울 풍경화 전시회장에서 아침 짓는 생솔 연기를 지독하게 맡아 눈이 따가웠다.

거미

지저분한 레이더 모니터가 아래채 위채 함석처마를 잡고 있었다. 한때는 이슬방울 눈을 달고 신기한 듯 지천을 훑어보기도 했건만, 이젠 지쳤다. 먼지가 낀 레이더 모니터 거미줄은 축 늘어졌다. 그만의 팽팽한 맛을 잃었다. 거미는 껍데기 전시품만 늘어놓고 거처를 옮겼거나 죽었을 거다. 팽창하던 가슴 풍선이 두려워 아래 사랑방에 숨어 이불을 뒤집어쓰고 살던 시절. 첫사랑의 순간들을 돌이킬 수만 있다면. 가슴을 떼어낼 수만 있다면. 금방이라도 자리를 털고 일어날 수 있을 것 같던 첫사랑의 순간들. 사랑방 쪽창으로 내다보이던 거미줄. 낮에는 야광이던 거미줄. 위채 아래채 함석처마를 끄집어 당기던 팽팽하던 거미줄. 서로 만날 수 없는 것을 끄집어 당기던 바람찬 거미줄. 끝나지 않을 것 같은 나날들. 벼락 맞은 나날들. 하늘과 구름과 해와 달과 별과 비와 눈과 야산과 나무들을 잡고 쥐고 흔들던 거미줄. 누군가 자꾸 우물 속에 돌을 던져 물결이 퍼져나가던 거미줄. 쥐고 흔들었지만 결국엔 자신만, 자신의 눈 없는 눈자위만 실컷 흔든 거미줄. 새까맣게 붙어 당긴 날짐승과 잠자리 풍뎅이 벌 껍질들 쿠션 좋은 침대 역할밖에 못한 거미줄. 거미는 밤낮 레이더 모니터를 켜 놓고 어디에 있었는가.

대빗자루로 지저분해진 거미줄을 걷어냈다. 하늘과 구름과 해와 달과 별과 비와 눈과 산과 나무와 그 사이를 나는 모든 것들이 거미줄에서 풀려났다. 나는 거미줄 레이더 모니터를 통해 모든 것을 보았다. 가끔은 거미줄 레이더 모니터에 걸려있는 모든 것들을 보았다. 날짐승과 잠자리 풍뎅이 벌이 벗어놓고 간 망가진 육체의 옷가지를 보았다. 거미줄 그물망을 통과해간 영혼만이 자유로울 수 있다고 생각하기에 이르렀다. 나에게서 멀어진 것은 떠난 것이다. 사라진 것이다. 마찬가지로 내가 떠나면 이 세계도 떠난 것이고 사라진 것이다.

나는, 마음만 먹으면

고래같이 생긴 여객기 한 대
천천히 하늘에 길을 냅니다.

저 하늘 끝이
시퍼런 물의 표면이란 생각이 듭니다.

물고기도 아닌 우리가 어떻게
물속에 앉아 있는지
아무도 모릅니다.

물속에 가라앉은
무수한 섬.

어떻게 생겨났는지.
언제 떠올라 사라지는지.

저 은빛 고래 뱃속에도
수백 개의 옮겨가는 섬이 있겠지요.

— 시, 「풀밭」 전문

어느 아파트 담벼락에 차를 세우고 조그만 풀밭에 앉아 쉬고 있었다. 토요일이나 일요일 오후였을 것이다. 가족 단위로 더위를 피해 나온 사람들이 모과나무와 잣나무 그늘 아래 앉아 잡담을 나누고 있었다. 풀밭은 정리 정돈이 되어 있지 않았다. 군데군데 망초꽃이 피어 있었다.

중학생쯤으로 보이는 여자아이 다섯이서, 어디선가 자전거를 타고 와서는 풀밭으로 주르르 몰려왔다. 아이들은 무성한 토끼풀 주위에 둘러앉아 돌연변이 풀잎을 찾으며 쉴 새 없이 종알거렸다.

모과나무 이파리 사이에서 갈라지는 햇살이 눈을 찔러, 나는 눈을 질끈 감고 있었다. 무슨 할 이야기가 저리도 많을까. 살아온 시간보다도 많은 걸 조잘거리는 여자아이들의 단발머리가 예뻐 보였다.

나는 그들의 세계 근처에도 가보지 못했고, 그럴 엄두도 내지 못했다. 태양은 모과나무 이파리에서 몇 년의 거리를 두고 폭음을 하고 있었다. 나는 태양의 높이를 짐작해보았다. 아이들의 목소리는 점차 멀어져 들리지 않게 되었다. 네 잎 토끼풀을 찾기 위해 이동해 갔으리라 여겼다. 화기를 동반한 바람이 몇 차례 불어갔고 풀밭 위로 자동차 소음이 전해졌다. 풀밭이 지진 위에 올려졌다.

간밤에 마신 술기운이 머리끝으로 역류하고 있었다. 나는 초등학교 시절로 돌아가 운동장 구석에 있는 회전틀 위에 갇혔다. 회전틀을 돌리는 사람은 보이지 않았다. 나는 어떻게든 어지러움을 참아보려고 눈을 감고 있었다. 멈춰지지 않는 어지러움 속으로 파고든 것은, 여자아이 일행 중 하나가 무턱대고 던진 말이었다.

—나는, 마음만 먹으면, 일곱 살 시절로 돌아갈 수 있어.

나는 한참이나 눈을 감고 있은 다음에야, 아이들이 모여 있는 토끼풀 무더기 쪽을 바로 볼 수 있었다. 토끼풀은 무리를 지어 자랐다. 풀밭에 무덤을 만들어놓았다. 아이들은 토끼풀을 꺾어 반지와 시계를 엮었다. 머뭇거리다, 금방 시들어버리는 의미를 만들고 있었다. 토끼풀 무덤이 잠깐 흔들리다 제자리를 찾고 있었다.

그 아이는 무언가 알고 있었던 것일까. 아이들이 떠난 자리엔 꽃시계와 꽃반지와 꽃팔찌가 버려져 있었다. 장난삼아 만든 꽃시계와 꽃반지와 꽃팔찌가 시들어가고 있었다. 아이들이 떠난 뒤 풀밭은 허허벌판처럼 황량해졌다. 마음만 먹으면 돌아갈 수 있는 시절도 그럴 자신도 없는 나는, 토끼풀 무덤 위를 하얗게 수놓고 있는 꽃을 바라보았다.

#2

인사동 거리를 지나간다.
긴 머리 퍼머한 흑인 여자. 아이를 안고 유물들을 구경한다. 갓난아이의
등을 토닥거려준다. 아이에게 물린 젖꼭지 보이지 않는다.
엄마의 시선을. 엄마가 보는 풍경을. 아이가 꾹꾹 빨아먹는다.

— 시, 「봄」 전문

내 새를 날려줘

차가 막히는 사거리에서 차를 세우고 키우기 쉬운 새를 골랐다. 공회전하는 엔진소음 속에서 새 울음소리를 상상하고 있었다. 쉴 새 없이 지저귀는 새 울음소리를 바라고 있었다. 나는 울음이 많은 새를 원했다. 울음이 많은 한 쌍의 새를 새장에 담기를 원했다.

새와 새장과 먹이를 골랐다. 아주머니가 새장 안에서 새를 꺼냈다. 무늬가 화려한 게 수컷이라 했다. 새장 안에서 암컷을 잡은 아주머니가 손을 꺼내 새로운 새장으로 옮길 때였다. 아주머니 손아귀에서 암컷이 빠져나갔다. 옹벽 위 개나리덩굴 속에 앉았다. 아주머니는 트럭에서 매미채를 꺼내와 암컷에게로 향했다. 매미채의 길이는 옹벽 위까지 이르지 못했다. 암컷은 아주머니를 기다리지 않았다. 아주머니는 포기하고 돌아왔다.

"잘 살 수 있을까?"

아주머니는 새장을 열어 새로운 암컷을 골랐다.

이틀에 한번 꼴로 물을 갈아주고 먹이가 떨어지지 않게만 하면 6개월 후면 알을 낳을 거라 했다. 알을 낳는다는 소리에 둥지까지 사 새장 안에 넣었다. 나는 새 이름을 물어보지 않았다. 수첩을 꺼내들고 새 이름을 적을 준비를 했다. 그저 팔려고 기르는 새에게 이름을 붙여줬을리 만무했다. 나는 새 종류를 묻는 것밖에 안 된다고 결론 내렸다. 새 이름을 묻는 걸 그만 두었다. 새 이름을 붙일 필요를 느끼지 못했다.

두 마리 새가 지저귀는데 다섯 여섯 마리가 한꺼번에 지저귀는 것 같았다. 요란하기 그지없는 울음소리 때문에 일에 집중할 수가 없었다. 커튼을 묶어 거는 플라스틱 꼭지에 핸드폰 이어폰 줄로 새장을 연결해 걸었다. 나는 울음소리가 거슬릴 때마다 새장의 위치를 바꾸었다. 책상 가까이, 장미화분 위에, 싱크대 근처 창문 옆에, 정수기 위에, 출입문 옆에…… 울음소리를 걸었다. 사무실은 창문이 많았다. 창문의 수보다 커튼을 묶어 거는 플라스틱 꼭지는 배로 많았다. 꼭지마다 울음소리를 걸었다. 날이 새기 무섭게 일어나 쉴 새 없이 지저귀는 한 쌍의 새. 울음소리가 들리지 않을 때마다 궁금해져 새장으로 걸어갔다. 한 쌍의 새는 둥지 안에 파묻혀 궁금한 눈으로 나를 쳐다보곤 했다. 눈을 굴리는 대신 고개를 돌리던 한 쌍의 새. 두 쌍의 사과 씨앗 눈동자.

나는 새 물을 갈아주기 위해 사무실까지 달려갔다. 물통에 싼 똥이 불어 번번이 물이 흐려져 있었다. 똥받이를 꺼내 쇠수세미로 문질러 닦았다. 둥지 안에 싸놓은 똥을 털어냈다. 모이를 채워주고 물을 갈아주고 똥을 치워주고 지겹게 울음소리를 들었다. 날이 밝을 때 다섯 마리 여섯 마리 새가 울어대고 있었다. 샌드위치 판넬로 칸막이를 친 사무실 저편에서 울음소리가 들렸다. 나는 물을 마시러 가거나 화장실에 갈 때 새장 안을 확인했다. 며칠씩 술을 마시러 나돌 때에도 새장을 생각했다. '죽었으면 어쩌지. 설마 죽기까지 했을 라고. 똥받이에 떨어진 모이만 쪼아도 이틀은 더 견딜 수 있을 거야.' 나는 잠깐씩 모이통과 물통의 수위를 가늠해 보았다.

5일째 되는 날 사무실에 돌아왔다. 새들은 털이 부풀어 올랐다. 똥받이에 떨어뜨린 모이를 낱낱이 쪼아 먹고 있었다. 물통 바닥엔 탁해진 물이 깔려 있었다. 모이와 물을 가득 채워주면 5일, 6일은 새장 걱정을 안 해도 되었다. 나는 새 울음소리를 잊어버렸다.

5일 만에 사무실에 돌아온 어느 날이었다. 암컷의 등 뒷머리 털이 죄 뜯겨 있었다. 조그만 몸에서 뜯긴 털이 사무실 곳곳에 흩어져 날렸다. 암컷은 날개로 떨고 있었다. 추위 때문이었다. 아니 치욕 때문이었다. 울음소리를 대신하는 떨림. 암컷은 모이통 모서리에 앉아 모이통 안에 부리방아를 찧었다. 털이 뽑힌 암컷은 날지 못했다. 점프가 되지 않았다. 둥지까지 한 뼘도 안 되는 높이를 뛰어오르지 못했다. 사흘째 되던 날 암컷은, 모이통까지도 뛰어오르지 못했다. 나는 좁쌀과 물을 바닥에 뿌려주었다. 나흘째 되던 날 아침, 암컷은 좁쌀과 물이 범벅된 바닥에서 가벼워졌다.

수컷이 암컷의 털을 뽑았을까? 사무실 키를 가진 누군가가 들어와 암컷의 털을 뽑았을까? 술자리에서 깜박 잠이 들었을 때, 누군가가 내 핸드폰을 만졌다. '친구 찾기'를 해 놓았다. 어디에 있는지 위치확인 서비스를 해 놓았다. 나는 6개월 동안 현재 위치를 옮기고 다녔다. 하루에도 열 번씩. 그는 왜 그랬을까? 내 위치를 확인해야 안심이 되었을까? 내 '현재위치'가 그에게 어떤 의미가 있었을까?

사무실 키를 가진 사람은 세 명이나 되었다. 나는 수컷이 암컷의 털을 뽑았다고는 생각하지 않는다. 새장에서 6개월을 같이 산 암컷을 그랬을 거라고는 생각하지 않는다. 수컷을 볼 때마다 아주머니 손아귀에서 날아간 암컷을 생각하게 되었다. 얼마나 끔찍했으면, 그 순간을 참지 못하고 날아갔을까.

왜 하필이면 암컷의 털을 뒷머리까지 뽑아놓았을까? 내 비약飛躍은 끝없이 펼쳐졌다. 내가 어떤지 보라고. 너는 멀쩡한데 나는 지금 이런 상태다. 6개월 동안 내가 어땠는지 똑똑히 보라고.

나는 죽은 암컷을 냉장고에 보관할 참이었다. 수컷이 죽을 때까지 기다릴 참이었다. 택배로 보낼 참이었다. 얼린 상태로 작은 아이스박스에 넣어 보낼 참이었다. 내장을 훑어내고 바싹 말려, 믹서에 갈아, 가루로 만들어, 수컷에게 먹일 생각까지 했다. 암컷이 죽은 날 아침 버젓이 모이통에 앉아 모이를 쪼던 수컷, 꼬리 붓으로 배경 그림을 그리던 수컷의 무관심을 보았다.

사무실 키는 얼마든지 복사가 가능하다. 그러나 나는 누가 그렇게까지 했을 거라고는 믿지 않는다. 다만 먹이 다툼이 있었을 것이다. 수컷이 암컷을 그랬을 것이다. 수컷 혼자서 내는 울음소리가 세 마리 새 울음소리처럼 들린다. 날 수 있는 걸 가둬둔 게 내 잘못이다. 알을 보기 위해 기다린 게 내 잘못이다.

참꽃이 피면 모이통 물통을 가득 채운 새장을 들고 언덕에 올라갈 것이다. 새장 문을 열어놓고, 돌 위에 앉아 time 담배를 피울 것이다. 새장은 어디다 내놔도 새장인 것이다

네가 서 있던 자리

오토바이센터에서 노란 스쿠터를 구해 타고 다녔다. 노란 스쿠터가 뿜어내는 휘발유 냄새가 좋았다. 차가 안 다니는 길을 골라 동네 한 바퀴 돌고 오면 휘발유 냄새가 머릿속을 맑게 헹궈주었다.

소설을 쓰겠다고 올라간 평창동, 북한산이 내다보이는 3층짜리 건물은 스산하기 그지없었다. 마당엔 거대한 돌부처가 서 있었다. 3층엔 그대로 불상들이 모셔져 있고, 아래층엔 전직 스님이 오른쪽 볼 근처에 호두 알 크기의 혹을 달고 전기장판에 의지해 연명하고 있었다.

우리는 1층과 2층에서 바람소리를 들으며 밤낮을 지새웠다. 스님이던 시절에 타고 다녔을 스포티지 한 대가 철대문 옆에 방치되어 있었다. 보일러는 고장이 났고 수도관이 터져 물이 나오지 않았다. 전직 스님이 기거하는 1층에 물이 나오는 수도꼭지가 하나 있었다. 나는 푸른 호스를 연결해 2층까지 물을 끌어다 썼다. 욕탕에 물을 채우면 언제 것인지 귀뚜라미 시체가 떠올랐다. 창문마다 쳐진 커튼들은 두꺼웠고 무거웠다.

그 해 겨울엔 사무치도록 눈이 내렸다. 가스난로와 전기난로를 켜놓고 자줏빛 소파에 웅크리고 누우면 눈보라 치는 골짜기를 헤매는 사람이 되었다. 창문에 채찍을 갈기던 아까시 나뭇가지들. 소름끼치는 울음을 울던 천장 위의 도둑괭이들. 눈을 감으면 어디선가 다가와 쉴 새 없이 얘기를 들려주던 얼굴뿐인 귀신. 나는 신발장 위에 손전등을 비치해 두었다. 집 안으로 들어서면 냉기와 음습한 냄새가 온몸을 파고들었다.

하루는, 안에서 잠긴 방안에서 물이 떨어지고 있었다. 나는 방 하나만을 쓰고 있었다. 물이 떨어지는 방문 앞에 소파와 테이블을 가져다 놓았다. 그래도 안심이 되지 않았다. 무엇인가 불쑥 튀어나올 것만 같아 밖에 자물통을 달았다. 물소리는 잠잠하다 밤이 깊으면 재발하는 치통 같았다. 물방울은 바닥에 떨어져 비웃는 소리로 바뀌었다. 알루미늄 새시 창문들은 금방이라도 떨어질 듯 덜컹거렸다. 나는 눈이 쌓여 푹푹 빠지는 길을 더듬어 내려갔다. 성곽 같은 단독 주택 담에는 감시카메라가 작동되고 있었다. 나는 언덕 아래 버스정류장 근처 슈퍼로 내려갔다. 나는 병이 푸른 서울막걸리와 봉지 김치, 사발면을 사러 다녔다.

거실은 텅 빈 헛간이었다. 거실엔 30촉 전깃불이 켜져 있었다. 눈보라가 빗금을 긋고 있었다. 눈보라의 스케치는 끝이 없었다.

들판 건너의 외딴집 불빛처럼 밤새 흐릿했다. 나는 겁이 많았다. 다른 방문을 열어보지 못했다.

나는 소파에 앉아 푸른 서울막걸리 병을 비워나갔다. 김치와 사발면은 금세 동이 났다. 냉장고 냉동실에 보관된 나무상자를 꺼내왔다. 언젠가 제자가 대학에 들어간 기념으로 가져온 것이다. 나무상자엔 사슴뿔이 얇게 썰려 담겨 있었다. 그걸 고추장에 찍어 먹었다. 나는 밤잠이 없는 쥐가 되었다. 마른 녹각을 부셔먹었다.

어느 날 슈퍼 옆에 세워둔 노란 스쿠터가 사라졌다. 쇠줄로 뒷바퀴를 잠갔는데 어떻게 가져갔을까. 안장을 젖히면 좁다란 트렁크가 있고, 거기에 수건을 넣어 다녔다. 안장의 먼지를 닦아 시커멓게 변한 수건. 나는 그 자리를 지나갈 때마다 주머니 속 스쿠터 키를 매만지곤 했다.

언젠가 네가 서 있던 방앗간 앞 버스정류장. 너로 인해 버스정류장 근처는 눈부셨다. 내 마음은 방앗간 피대를 돌려 고춧가루를 만들었다. 나는 네가 없는 자리에 투명한 너를 세워놓았다. 어느 날 개나리가 지고 잎들이 푸르렀다.

운동화를 찾아서

강화도 동막리 앞 바다에 물이 빠져 광활한 개펄이 펼쳐졌다. 한 번도 들어서 보지 못한 개펄은 두근거림이고 두려움이었다. 정강이까지 푹푹 빠지거나 발만 겨우 빠지는 데도 있었다. 금방 물 빠진 데까지 걸을 수 있을 것 같았지만 마음만 앞장서서 걸었다. 개펄을 걸을 땐 바로 앞만 봐야 지루하지 않았다. 뒤에 쳐져 따라오는 사람은 빠진 발을 빼내기에도 급급했다. 강화 개펄은 전체가 아주 멋진 장화였다.

언젠가 함 시인께서 전화를 걸어 왔다. 갯바람소리가 씽씽 들리고 있었다. 함 시인은 신이 나 있었다. 동네 청년들을 따라 바다 일을 나갔다 돌아오는 길이었다. 지게에 숭어를 한 짐 지고 돌아오고 있었다. 숭어가 팔딱거리고 있었다.

"나 고기 짐 지고 나가는 길에 신발 자랑하려고 전화했어. 난 지금 지구를 신고 있어. 참 부드러운 신발이야. 얼마든지 갈아 신을 수 있는 신발. 여기엔 그런 신발들이 지천에 널렸어. 멋지지 않아?"

함 시인은 흥분해 있었다. 신발을 갈아 신는 기쁨. 누가 그렇게 많은 신발을 시시때때로 갈아 신으며 걸을 수 있을까.

나는 박하지*를 잡기 위해 그물구럭을 준비했다. 바지락이나 좀 캐서 속을 풀 요량으로 호미도 준비했다. 기껏해야 몇 백 미터 거리로밖에 보이지 않았다. 눈대중으로 보는 거리는 믿을 게 못되었다. 뒤에서는 같이 가자고 발걸음을 붙들었다. 물이 들어오기 전에 물 빠진 곳까지 가서 돌을 뒤집어 박하지를 잡고, 호미로 개펄을 긁어 바지락도 캘 생각이었다.

동막리 개펄은, 여느 개펄과는 게임이 안 되는 길이와 넓이를 갖고 있었다. 나는 주저앉고 싶었다. 이렇게 꾸물거리다 물보다 걸음이 더뎌 수장水葬되는 건 아닌지, 슬슬 걱정이 되기 시작했다. 기다리다 걷기를 반복했다. 개펄에 난 도랑으로 물이 흘러가고 있었다. 여름 태양은 피를 다 말리는 것 같았다. 나는 운동화를 벗어 그물구럭에 넣고 질질 끌고 갔다.

그는 더는 못 가겠다고, 돌아가자고 보챘다. 나갈 힘은 남겨둬야 하지 않겠느냐, 거기까지 가야 할 이유가 뭐냐며 걸음을 멈췄다. 다리에 쥐가 나 더 이상 가지 못하겠다. 나를 업고 나갈 힘이 있으

---

* 꽃게보다 작고 껍질이 단단한 바닷게

면 가자고 했다. 몇 백 미터밖에 남지 않았는데 아쉬움이 컸다. 개펄은 2킬로미터가 넘었다. 웬만한 산을 오르는 것과는 비교가 되지 않았다. 우리는 뒤돌아서서 걷기 시작했다. 우리가 지나온 발자국이 비뚤비뚤 찍혀 있었다.

밤새 술을 마신 우리는 혼신의 힘을 다해 바닷가 자갈밭에 도착했다. 물웅덩이에 운동화를 헹궈 신고 돌아갈 참이었다. 그의 운동화는 짝이 맞는데 내 운동화는 한 짝이 보이지 않았다. 그물구럭 한쪽이 터져 있었다. 질질 끌고 온 그물구럭에서 운동화 한 짝이 새나갔다.

그는 걱정이 태산 같았다. 얼마 전에 바다에 놀러가 신발을 잃어버린 친구 이야기를 들려주었다. 신발을 잃어버린 친구는, 건강하던 아버지를 잃었다. 신발을 잃어버리고 채 한 달이 안 되어서였다. 물에서 신발을 잃어버리면 가까운 사람을 떠나보내야 한다고 엄포를 놓았다.

가까운 사람들의 근심 어린 얼굴이 눈앞에 어른거렸다. 나는 물이 들어오기 전에 운동화를 찾아야 했다. 나는 다시 개펄 장화를 갈아 신으며 운동화를 찾아 나섰다. 무릎에 손을 짚고 찾아간 운동화는 쉽게 나타나지 않았다. 한번 발을 들여놓으면 빼내기 어렵다는 말이 떠올랐다. 운동화를 찾아 들고 나가야 하는 길이 길어졌다.

운동화는, 우리가 돌아 나온 지점에서 발견되었다. 돌아오는 길은 배로 힘겨웠다. 내 발에 맞는 운동화는 하나도 없었다. 그는 자갈밭에서 그물구럭을 돌렸다. 조금만 더 힘을 내라고 응원을 했다. 마치 헬기가 프로펠러를 돌리는 것 같았다. 현기증이 머릿속에서도 프로펠러를 돌리고 있었다.

추억을 심어주기 위하여

도서관 2층 소파에서 하룻밤을 자고 기숙사를 향해 걸었다. 웬 까치가 이렇게 많니? 라고 물었을 때, 그는 여기가 '까치대학'이라고 했다. 줄여서 까대예요, 라고.

언젠가 벚꽃이 필 무렵에도 한번 왔었다. 기숙사 앞 야산에 염소가 매어져 있었다. 배가 터질 듯이 불러오고 있었다. 내가 곧 새끼 낳겠다, 라고 말했다. 그는 뭐하게요, 라고 말했다. 나는 구경이라도 해야지, 라고 말했다. 염소가 새끼 두 마리를 낳았다.

등나무 아래서 잠을 자려고 했다. 그러나 모기에 뜯겨서, 더 정확히 말해서, 벤치에 등을 대고 누웠을 때, 등이 시려워, 이게 무슨 주책바가지냐는 생각이 들었다. 누울 수도 앉아 있을 수도 없었다. 음료수 자판기의 불빛이 보름 달빛보다 세 배쯤 밝았다. 기숙사로 전화를 걸었다. 계속 통화 중이었다. 짐 싸야 해요. 집에 가봐야 해요. 짐 싸야 해요.

"나다. 지금 등나무 아래 벤치다. 등이 시리고 모기가 뜯어서 잠을 못 잔다. 집에 갈 수도 없고…… 잘 자라. 짐 싸고 있거나 코 골고 있겠구나. 잘 자."

모기들이 따끔하게 충고해주었다. 모기가 나무 밑에 많은 줄은 알았다. 하지만, 이 정도로 들끓는 줄은 몰랐다. 그를 새벽 한 시쯤 기숙사 앞까지 데려다줬으니, 두시 삼십 분쯤 됐을 것이다.

등나무 아래에는 여덟 개의 벤치가 있었다. 나는 자판기를 기준으로 왼편 세 번째 벤치에 앉았다. 자꾸 집 생각이 들었다. 그럼 안 된다 안 된다고, 나를 달래는 또 다른 나는, 아무것에도 필요 없는 허수아비였다. 그런 나에게 그가 말했다.

"아무리, 형을 이해하려고 해도 소용없어요. 왠지 아시겠어요? 형은, 인생을 너무 막살고 있는 걸 아세요? 그런 형이 답답해요."

"제발 좀 그만 웃겨라. 이젠 웃을 힘도 다 썼다."

교문 밖 슈퍼까지 걸었다. 개구리가 울고 있었다. 머리를 뒤로 묶고, 모자를 눌러쓴 남녀가 개구리 울음을 향하여 앉아 있었다. 그들은 자신의 감정에 충실한 나머지, 등 뒤로 지나가는 차나 사람들에겐 관심을 두지 않았다. 슈퍼 앞 파라솔 밑에서 컵라면을 먹었다. 슈퍼가 문을 닫고 불을 꺼버렸다. 주위가 칠흑으로 변했다. 타산이 안 맞으니 불을 끄겠지, 라고 중얼거렸다. 파라솔 밑과 평상에 빈 컵라면 용기만이 야광처럼 뒹굴었다.

그들은 벚나무 아래 앉아 있었다. 흰 커플티를 입고 있었다. 어느 쪽이 남인지 여인지 분간이 가지 않았다. 그들이 남과 여인 것은 목소리로 알 수 있었다. 그들은 사랑싸움을 벌이고 있었다. 그들은 서로에게 원하는 것이 많은 모양이었다. 나는 힐끗, 그들의 등을 더듬었다.

"참 좋을 때죠?"

나는 좋을 때가 언제였나, 더듬어보았다. 무턱대고 좋을 때가 아니고, '참'이 들어가도 좋을 때.

나는 슈퍼에 들어가 우유와 두유와 빵과 과자 부스러기를 골라 들고 계산대 앞에 섰다. 냉장고 안엔 소주와 맥주와 막걸리가 마개를 쓰고 있었다. 냉장고 안으로 선망의 눈길을 보내고 있는 내게 다가온 그는, 오른쪽 팔을 꼬집어 비틀었다.

"형, 꿈 깨셔야죠."

검은 비닐봉지를 흔들며 남녀가 있는 곳까지 걸었을 때, 그들은 각자 무슨 생각에 빠져 있는지 개구리 울음만이 서러움에 북 주듯이 울어대고 있었다. 나는 그에게 도서관 앞에 가 있으라고 했다.

"술 사러 가는 건 아니겠죠, 형."

나는 절대로 그렇지 않다고, 빗속의 와이퍼처럼 두 손으로 앞을 닦아 보였다.

나는, 접어 신은 운동화를 제대로 펴서 신고 끈을 졸라맸다. 나는 방금 전에, 아무 쓸모도 없는 것들만 샀던 슈퍼로 가서 문을 두드렸다. 캔맥주 하나를 사서 마셨다. 남녀는 개구리 울음 속에 깊이 빠져들어 있었다. 나는 개구리들이 눈치 채지 못하도록 운동화 뒤꿈치를 들고 걸었다. 빨리 정신을 차리는 게 상책이다. 알겠느냐? 내가 그들에게 그따위 말을 해줄 필요는 없었다. 등 뒤로 가까이 다가가도록, 그들은 눈치채지 못했다. 무슨 말을 해야 상대방의 마음을 수중에 넣을 수 있을까? 꼼짝달싹 못하도록 만들 수 있을까? 숨통을 끊어놓을 수 있을까?

나는 그 둘의 등을 힘껏 떠밀었다. 그 둘은 엄청난 몸집의 식용 개구리가 되어, '첨벙' 논으로 뛰어들었다. 그 둘은 기가 막힐 사이도 없었다. 손을 들어 얼굴에 묻은 진흙을 걷어내야 했다.

내가 이백 미터에서 삼백 미터 사이를 뛰어가고 있을 때, 그 둘은 화해를 한 뒤였다. 그들은 어느새 하나가 되어 있었다.

"야이 새끼야, 거기 서! 거기 서지 못해!"

남녀의 고함 소리가 높고 넓은 개구리 울음소리를 잠재우고 있었다.

나는 그들에게 추억을 심어주고 싶었다. 이 일이 계기가 되어 화해하기를 빌었다. 숨이 차서 더 이상 뛸 수도 걸을 수도 없는 지점에 그가 서 있었다.

"왜 그래요, 형. 뭐 죄진 거 있어요?"

나는 그에게 고개를 끄덕여줬다.

"사는 게 다 죄짓는 것 아니겠냐?"

"방금 전에 무슨 죄 지었냐고요."

"죄는 무슨 죄?"

"에이, 아닌 것 같은데…… 솔직히 말해 봐요, 빨리……."

"넌 참 끈질긴 데가 있는 애다."

"……"

"난 가끔, 진흙 구덩이에서 깨는 꿈을 꾸곤 한단다."

앉은뱅이의자

자동차 트렁크에서 플래시를 꺼내들고 배낭을 둘러멨다. 그리고 가을 밤길로 접어들었다. 처음 가보는 어두운 길은 내가 걸어온 길을 되짚어 가는 느낌이었다. 자주 걷던 밤길은 얼마나 포근했던가. 내가 가진 모든 것을 감싸 주지 않았던가.

산길로 접어들자 물소리가 들렸다. 플래시 불빛 둥근 원 안은 무슨 표적 같았다. 나는 등산화 끈을 고쳐 맸다. 재수 없이 독사를 밟는 날에는 큰일이 아닐 수 없었다. 마중 나온 형은 앞장서서 걷고 있었다. 지게 작대기로 풀을 헤쳤다. 형은 어깨께까지 뒤덮은 머리카락 때문에 지게를 진 도사 같았다. 형은 한참을 앞서가다 뒤돌아보았다. 하얀 치아가 도드라져 보였다.

골짜기를 끼고 이어지는 길이었다. 징검다리를 건너고 비탈을 타고 걸었다. 화전민들이 살다 떠난 흔적인 돌무더기들이 애장터*

같았다. 나는 숨을 헐떡거리면서 담배를 피워 물었다. 우리는 20분을 걸어 화전민이 남기고 간 움막에 도착했다.

영감님은 위채에서 살고 있었다. 앞니가 둘인가 위로 솟구쳐 있었다. 뭔가를 드실 때 불편할 것 같았다. 영감님은 마루에 나오셔서 한 짐 짊어지고 온 물품들을 손수 확인했다.

"뭘 이렇게 사 들고 왔어요. 힘들게."

영감님은 뭔가를 씹는 것 같았다. 뭔가를 씹듯이 말을 했다. 우리 일행은 아래채 평상에 둘러앉아 술추렴을 시작했다. 영감님은 위채에서 헛기침을 하고 있었다. 영감님은 불을 끄시고 TV 불빛을 남겨놓았다. 얼마나 아래채 평상에 앉고 싶을까. 영감님은 술이라면 뿌락지를 뽑아야 직성이 풀리는 양반이었다. 형으로부터 전해들은 바로는, 영감님은 술을 입에 댔다하면 집 안에 있는 술을 다 동내야 한댔다. 볼일이 있어 도시에 나갔다 오면 술을 있는 대로 드시곤 방에 드러누워 앓기 일쑤였다. 죽을 쒀 간신히 살려놓으면 며칠이 멀다하고 드러눕는 스타일이었다. 그런데 이제 술을 끊었다고 방안에 누워 있으니 애간장이 다 녹을 판이었다. 혹, 문풍지 찢긴 틈으로 아래채 평상을 훑고 있는 건 아닌지 나는 간혹 문풍지 발린 여닫이문을 훔쳐보았다.

"한 잔만 드시고 들어가세요?"

형과 우리 일행이 몇 번이나 권했지만, 영감님은 단호했다.

---

* 애기무덤

"난 한번 안 마신다면, 목에 칼이 들어와도 안 마시네!"

우리 일행은 이가 없는 영감님을 위해 사골을 사 갔다. 양은솥을 걸고 사골을 끓였다. 장작불이 괄게 지펴진 위채와 아래채 사이 음식 끓이는 장소에서 푸닥거리 소리가 들렸다. 별이 참 많이도 그렁그렁했다. 엎치락뒤치락하고 있을 영감님 생각이 들었다. 마시면 될 것을 왜 안 마신다고 딱 잡아뗐을까 궁금했다. 허리가 좋지 않은 할머니가 근처 절에 와 있었다. 계속 술을 마시면 발길을 끊겠다고 엄포를 놓은 모양이었다. 영감님은 젊었을 때부터 어지간한 술꾼이었던 모양이다. 한번 시작되면 누구도 못 뜯어말리는 술버릇이었던 모양이다. 그러나 이제는 기가 꺾여 풀이 죽은 영감님이었다. 물에 밥을 말아 드시고 방으로 들어가던 영감님. 가끔씩 나 여기 있다고, 아직 안 자고 있다고, 헛기침을 하는 영감님. 아까 밥을 먹을 때 영감님께 소원이 뭐냐고 물었다. 마루 위에 걸어둔 씨옥수수를 바라보던 영감님이 입을 열었다.

"김치나 한번 오지게 씹어 먹었으면 좋겠네."

나도 언젠가 영감님처럼 되면 어쩌나 내심 걱정이 되었다.

절에서 요양 중인 할머니가 수시로 전화를 걸어왔다. 술 취한 목소리를 들키는 날이면 불똥은 형에게로 튈 게 뻔했다. 왜 영감에게 술을 먹였느냐 불호령이 떨어질 게 뻔했다. 영감님은 수시로 술 안 마신 걸 확인시켰다. 70살 중반의 영감님은 아직 꼬장꼬장했다. 30마리나 되는 염소를 키우고 자갈밭을 경작하였다. 자식들에게 딸려 보낼 양념과 야채를 심고 가꾸었다. 맨몸으로 걸어와도 힘든데 영감님은 지게로 생활용품과 염소와 개, 닭에게 먹일 사료까지 져 날랐다. 영감님은 장작 패는 시범을 보였다. 젊었을 땐 이 정돈 일도 아니었지. 내가 이리 봬도 깡다구 하나로 살아온 몸이여. 라고 힘주어 말했다. 우리 일행이 돕겠다고 나섰지만 점잖게 호의를 거절했다.

"술이나 들어요. 이게 보기는 쉬워 보여도 하긴 어려운 법이에요."

영감님이 들어 올린 도끼날이 닿기 무섭게 나무가 반쪽이 났다. 우리는 입을 벌리고 지켜보았다. 고개를 흔드는 사람도 있었다.

아침에 일어나 보니, 영감님은 지게를 지고 계곡을 내려가고 있었다. 사료를 져 나르기 위해서였다. 형과 창우 씨가 영감님을 따라 나섰다. 한 번에 두 포씩 져 날라도 힘에 부친다 했다. 나는 술이 덜 깬 핑계를 대고 메기매운탕을 끓이는 당번으로 남았다.

"메기매운탕 맛있게 끓여 놓을 테니, 운동 삼아서 두 번씩만 져 날라요."

영감님은 한 번만 져 나르고 마루에 앉아 등산화 끈을 풀었다. 형과 창우 씨가 지게를 지고 다시 계곡을 내려갔다. 메기매운탕이 다 되었다. 나는 영감님을 한번 떠볼 요량으로 술을 한 잔 권해드렸다.

"메기매운탕도 끓였는데, 약주 한 잔 하시지요?"

영감님이 위채와 아래채 사이로 난 길로 내빼면서 말했다.

"나는 하도 먹어서 질렸으니 젊은이들이나 많이 드시게나."

10미터 위 계곡에 웅덩이를 파고 호스를 늘여 놓았다. 찬물이 콸콸 잘도 쏟아졌다. 영감님은 물을 한 바가지 받아 마시고는 밭으로 일하러 나갔다. 우리 일행은 방에 누워 지게꾼들이 돌아오기를 기다렸다. 모두 잠이 들 참이었는데, 여닫이문이 덜컹 열렸다. 우리 일행은 자는 척을 했다. 영감님은 뭔가를 찾고 있었다.

"이런 고얀 놈을 봤나!"

방안을 뒤지던 영감님이 갑자기 고함을 쳤다.

"이런 건방진 놈, 오기만 해 봐. 내가 가만 두나 봐라."

우리는 무슨 영문인지 몰라 서로의 얼굴만을 쳐다보았다.

영감님은 앉은뱅이의자를 마당으로 집어던졌다. 형이 책을 볼 때 사용하던 앉은뱅이의자였다. 책상의자에 붙어있는 것을, 한나절 걸려 실톱으로 잘라서 만든 앉은뱅이의자였다. 영감님은 내팽개쳐진 붉은색 앉은뱅이의자를 따라 마당으로 뛰어나갔다. 영감님은 뒤꼍으로 돌아가더니 도끼를 들고 마당으로 뛰어나왔다. 우리는 도끼가 무서워 도망갈 궁리를 하기 시작했다. 누군가 기어들어가는 목소리로 말했다.

"왜 저래?"

영감님은 붉은색 앉은뱅이의자를 조지기 시작했다.

"제깟 놈이 뭔데, 허락도 없이 남의 물건에 손을 대!"

도끼를 맞은 붉은색 앉은뱅이의자가 굴러다녔다.

"밥 먹고 할 지랄 없어, 멀쩡한 의자를 이따위로 만들어 놔! 이런 건방진 놈!"

붉은색 앉은뱅이의자가 염소우리로 굴러 떨어졌다. 영감님은 붉은색 앉은뱅이의자에게 뛰어가 마당으로 내팽개쳤다. 영감님은 다시 도끼를 치켜들고 붉은색 앉은뱅이의자에게로 달려들었다.

"이 자식이 나를 우습게 생각하네. 제깟 놈이 뭔데 나를 이따위로 취급해! 이런 빌어먹을 놈! 오기만 해 봐라."

붉은색 앉은뱅이의자는 몇 군데 도끼날이 났을 뿐이었다. 휘거나 쪼개지지는 않았다. 영감님은 분이 풀리지 않았다. 도끼자루를 토방에 내려놓고 마루에 걸터앉아 가쁜 숨을 몰아쉬었다.

"마누라가 허리가 아파 편히 앉아있게 하려고 시내에서 주워왔는데. 이놈이 이렇게 만들어 버렸네. 내참 살다 살다 별꼴을 다 보겠네."

영감님은 이마에 솟은 땀방울을 단번에 훔쳐 토방에 패대기쳤다. 그러고는 벌떡 일어나 뒤꼍으로 돌아갔다. 슬쩍 나가보니 영감님은 단풍이 알록달록 물든 뒷산을 바라보고 있었다. 담배 연기를 길게 내뿜고 있었다.

형과 창우 씨가 돌아왔을 때, 영감님은 멋쩍어 자리를 피한 뒤였다.

"형, 아까 영감님 대단했어요. 영감님 도끼 쑈를 직접 봤어야 하는데, 참말로 아깝네요."

우리 일행은 짐을 챙기고 영감님을 기다렸다. 땔감을 한 짐 짊어지고 나타난 영감님은, 아까와는 딴 사람이 되어 있었다.

"잘 놀다 갑니다. 건강히 계세요."

우리 일행이 인사를 건넸을 때, 영감님은 언제든 또 놀러 오라고 했다. 형은 비슷한 의자를 하나 사 드려야겠다고 우리를 따라나섰다. 담쟁이덩굴이 밤나무 소나무 전나무를 친친 감고 올라가 있었다. 단풍든 담쟁이덩굴이 붉은 비늘을 내흔들었다.

허리

위성안테나를 떼기 위해 사다리를 놓았다. 위성안테나는 옥탑 지붕에 달려 있었다. 사다리를 잡아주겠다던 주인아줌마는 전화벨 소리를 듣고 4층 살림집으로 내려갔다. 어렵게 위성안테나를 떼서 한 손에 들고 사다리를 내려와야 했다. 알루미늄 사다리는 휘청거렸다. 비 온 뒤라 사다리를 걸쳐놓은 옥탑지붕과 옥상바닥이 미끄러웠다. 간신히 사다리에 한쪽 발을 걸쳤을 때였다. 사다리는 휘청거리며 한쪽으로 쏠리기 시작했다. 사다리가 걸쳐진 옥탑지붕 밑으로는 콘크리트 주차장이었다. 5층, 아니 6층 높이였다. 자칫하다가는 주차장으로 추락할 참이었다. 나는 최소한 4층 빌라의 옥상바닥으로 떨어져야 했다. 그래서 사다리를 잡은 한쪽 손을 놓았다. 그런 다음 한쪽 손에 잡은 위성안테나를 옥탑지붕 턱에 걸었다. 하지만 위성안테나로는 옥탑지붕에 매달릴 수가 없었다. 나는 한 손에 위성안테나를 잡은 채로 옥상바닥에 떨어졌다. 쿠당탕 소리가 들렸다. 숨을 쉴 수가 없었다.

옥상 밑으로 쏠려 떨어지던 사다리가 난간에 걸쳐 튕겨 나왔다. 사다리에게 허리를 가격 당했다. 이젠 끝장이라는 생각이 들었다. 어디를 어떻게 부딪쳤는지 가늠할 수가 없었다. 나는 일어나려고 바닥에 손을 짚었다. 하지만 힘을 쓸 수가 없었다. 핸드폰을 꺼내려고 주머니를 뒤졌다. 간신히 핸드폰 폴더를 열었는데 번호를 누를 힘조차 없었다.

숨을 쉴 때마다 통증이 밀려왔다. 기어갈 힘도 없었다. 허리가 부러진 것 같았다. 나에게는 혼자 할 수 있는 게 없었다. 한순간에 모든 것이 바뀌어 있었다. 위성안테나 같은 건 버리고 갈 걸 그랬다. 내가 왜 위성안테나를 떼러 옥탑옥상에 올라갔다는 말인가. 옥탑옥상에 올라갔을 때 내려오지 말았어야 했다. 나는 20초 전, 21초 전, 22초 전으로 돌아갈 수가 없었다. 후회할 때마다 통증이 사라지는 건 아니었다. 나에게는 목숨이 붙어 있었다. 목숨이 붙어있는 한 현재밖에 살 수 없었다. 비로소 과거와 현재와 미래는 한 몸이고 한 통속이 되었다.

아줌마는 한참 만에 옥상으로 올라왔다. 쓰러져 있는 나를 부축해주었다. 떨어진 거예요. 조심하지 않고 어쩌다가. 아줌마는 부축해 줄 테니 일어나보라고 했다. 나는 움직일 수가 없었다. 그때서야 아줌마는 119구급차를 부르러 내려갔다. 구급대원은 발가락을 움직여보라고 했다. 다행히 신경은 건드리지 않았다고 했다.

나는 맨발로 구급대원의 등에 업혀 앰뷸런스에 실려 병원으로 갔다. 미동에도 허리가 아팠다. 허리가 아픈 만큼 몸이 굳었다. 나는 현재밖에 살 수가 없었다. 목숨이 붙어있는 한 현재는 계속될 것이었다. 응급실까지 나를 데려온 구급대원에게 고맙다는 말도 하지 못했다. 나는 이를 악물고 통증을 참기에도 버거웠다. 윙크라도 해주고 싶었다. 나는 엘리베이터 문이 닫히고서야 긴 윙크를 할 수밖에 없었다.

CT 촬영을 했다. 내가 공상이나 즐기고 있을 때, 얼마나 많은 사람들이 자신의 현재와 치열하게 싸우고 있었나. 내 아픔을 온전히 나 혼자서 책임져야 할 때가 되어서야 그것을 알았다. 나는 얼마나 관념적으로 아팠나, 나는 또 얼마나 엄살을 피웠나. 그동안 내가 누렸던 행복은 모두가 거짓이었다. 나는 하루하루 무료함을 달래기 위해 살았다. 내 몸을 가눌 수 없을 지경에 이르러서야 그걸 알았다. 나는 내가 가야 할 목적지를 향해 출발하지 못했다. 최선을 다해 달린 적이 없었다.

나는 불행 중 다행이라는 말을 들었다. 충격으로 허리 뼈 하나가 주저앉았다고 했다. 다행히 신경을 건드리지 않아 마비가 오는 일은 없을 거라고 했다. 나에게는 8주 진단이 내려졌다. 의사는 60일에서 70일 정도 보조기를 차고 다니면 될 거라고 일러주었다. 그래도 1년 정도는 무리한 힘을 쓰면 안 된다고 주의를 주었다. 60일, 70일이 언제 지나갈 것인지 알 수 없었다. 나 혼자서는 몸을 뒤집을 수도 없었다. 밥도 먹을 수가 없었다. 화장실을 가는 것은 상상할 수도 없었다. 나 스스로 할 수 있는 것이 하나 없었다. 눈을 뜨고 눈을 감는 것조차 힘겨웠다. 일반병실로 옮겨졌다. TV를 켜 놓고 화면을 우러러보는 선임 병자들이 부러웠다. 밥이 나오면 밥을 먹고 링거 병을 거치대에 걸고 산책을 나가는 사람이 부러웠다. 부드러운 목소리로 전화를 걸어 필요한 것을 가져다달라는 사람이 부러웠다. 화장실을 마음대로 다녀오는 사람들이 부러웠다.

진통제를 맞아도 통증은 물러가지 않았다. 이불을 머리끝으로 끌어올릴 수도 없으니 마음 놓고 울 수도 없었다. 새벽에 복도를 오가는 발자국소리, 엔진소리 요란하게 질주하는 자동차, 오토바이, 옆자리에서 숨 쉬는 소리 하나까지 통증을 불러왔다. 그것들은, 아프지 않을 때에는 나와 상관없는 것들이었다.

입원하고 이틀이 지난 점심 무렵 주문한 보조기가 도착했다. 침대에 보조기를 벌려놓고 몸을 굴려 보조기 안에 허리를 밀어 넣었다. 흰 플라스틱 재질로 만든 허리 보조기 끈을 조였다. 허리에 보조기만 차면 금세 일어나 걸을 수는 없어도 통증은 웬만큼 줄어들 줄 알았다. 하지만 보조기는 허리를 고정시키는 역할밖에 할 수 없었다. 골반 뼈에 상체의 체중을 싣게 해 허리를 꼿꼿하게 펴게 하는 기구일 뿐이었다. 누워있을 때 보조기를 차고 있으면 허리가 결려 통증이 더할 뿐이었다. 맞지 않는 보조기를 차고 누워 있으니 통증보다 결림이 견디기 어려웠다. 고통의 시간을 재듯 링거액이 떨어졌다. 하나 둘 셋 넷 다섯 어둠 속에서 링거액이 떨어지는 수를 세다 잠이 들었다. 다시는 이 병실에서 깨어나지 않았으면 좋겠다고 생각했다. 60일이 지나고 70일이 지나서 깨어나게 해달라고 나는 꿈속에서 기도했다.

내가 떨어졌던 옥탑지붕과 4층 옥상바닥은 6미터가 될까 말까 한 높이였다. 나는 위성안테나를 떼서 사다리를 타고 내려오는 꿈을 꾸었다. 나는 아주 천천히 6미터 높이에서 떨어지고 있었다. 무중력 상태에서 헤엄을 치듯이 떨어지고 있었다. 내 얼굴은 환하게 웃고 있었다. 그 웃음은 6미터 높이를 무시한 웃음이었다. 그러나 잠에서 깨어날 때 바닥에 떨어져 지독한 통증을 느끼고 있었다. 얼마나 다행인지 몰랐다. 바닥에 떨어진 지 일주일이 되었고 이주일이 되었다. 나는 이주일째 되는 날 퇴원수속을 밟았다.

보조기를 차고 다시 걷기 시작했다. 혼자 힘으로 걸을 수 있다는 것이 얼마나 다행인지 몰랐다. 내가 걷는 것이 신기해서 눈물이 다 났다.

그 카페는 구름 속일 수도 있었고

창문에 번진 노을을 바라보고 있는데

내가, 내 무덤 속을 들여다보고 있다는 느낌이 든다

차 한 잔 마시러,
오랜만에 찾아온 찻집

무덤 앞에서 시드는 꽃들을,
바라보고 있다는 생각을 하기에 이른다

— 시, 「그 찻집은 구름 속일 수도 있었고」 전문

*

우리는 그날, 먹자골목 안 카페에서 맥주를 마셨다. 그것이 3차나 4차쯤이었을 것이다. 그는 그날도 꽤나 취해 있었다. 그의 고향은 마산이었다. 마산에서 단신으로 서울에 올라온 처지였다. 그는 시를 쓰고 있었으며, 그 즈음엔 장편소설을 써서 출판사에 넘겨놓았다.

그는 옥탑의 창고를 개조해서 만든 방에서 월세를 살고 있었다. 옥상엔 수도꼭지 하나가 있을 뿐이었다. 그곳엔 부엌이 없었다. 뿐만 아니라 화장실도 없었다. 3층에서 1층까지 용변을 보러 다니는 불편을 감수해야 했다. 겨울이 닥쳐오면, 그는 전기장판 하나에 의지해야 하는 형편이었다.

그는 그날, 이런 말을 했다.

"이젠, 눈물을 흘리려고 해도 눈물이 안 나와요."

끝까지 내몰린 사람의 심정을 내가 어찌 이해할 수 있겠으며, 상상이라도 해볼 수 있을까?

나는 시집 뒤표지 글에 이렇게 썼다.

'파먹을 수 있는 것, / 나 자신밖에는 없다.'

언젠가 그가 쓴 소설을 읽은 적이 있었다. 출판사에 넘기기 전이었으니, 그것 또한 다섯 달쯤 되었다. 일 년쯤 묵혀뒀다 탈고했다고 했다. 그는 곧 그 소설을 출판사와 계약했다. 그는 그날, 계약금을 받았다고 나를 불러냈다.

살다 보면 가끔씩은 믿기 어려운 일을 저지르게 된다. 어딘가에 갇혀 있다고 믿는 사람은 누구와 술을 마실 때에도 혼자서 마시는 거나 다를 바 없다. 어느 순간부터인가 도를 지나치는 것도 모르는 것이다. 자신의 상처 밑바닥까지 가기 위해서는 완전히 이성을 버려야 하는 것이다. 이성만으로 살아갈 수 없는 자신의 존재를 고통스럽게 지켜볼 수밖에는 없다. 그리고 얻는 건 위로가 아니라, 더 깊은 상처다. 그는 자주 '상실'에 대해 말하곤 했다.

"내가 지금 꽃 같은 나이인데, 꽃을 보거나 나비를 보면 황홀해져요. 내게 청춘이란 없던 게 아닐까요?"

그 카페의 사장은 스물세 살 먹은 여자였다. 그는 그 여자를 끔찍하게 사랑하고 있었다. 아니다. 그에게 그 여자는 마지막 희망인 것처럼 보였다. 그는 그날, 그 여자를 옆에 앉히고 술을 권했다. 그 카페엔 그의 책꽂이에서 빼온 것으로 짐작되는 책들이 제법 쌓여 있었다. 그는 그 여자의 목에 걸린 목걸이를 한참 동안이나 쳐다보았다. 그 여자는 그런 그의 시선에 별 반응을 보이지 않았으나 불편해하는 눈치였다.

그가 입을 열었다.

"그 목걸이 어디서 났어요?"

한참 후에, 잔뜩 일그러진 얼굴을 한 그 여자가 말했다.

"○○씨가, 그런 걸 물어볼 자격이나 있어요?"

그는 고개를 떨어뜨리고 뾰족하고 검은 자신의 구두를 쳐다보았다. 나는 무안해져서 그 자리를 피하지 않을 수 없었다.

그 카페의 화장실은 밖에 있었다. 화장실에 갔다 나온 나는 계단을 내려갔다. 그 카페는 2층이었다. 계단 밑에서 담배를 한 대 피우고, 편의점까지 걸어가서 신문을 한 부 샀다. 그런 다음에, 다시 카페를 향해 천천히 걸었다. 카페의 간판 불은 꺼져 있었다. 계단 불도 꺼져 있었다. 영업시간이 끝난 것이었다. 아르바이트생도 가고 없었다. 카페 안에는 그와 여사장, 단 둘이 앉아 있었다. 그 둘은 서로를 으스러져라 끌어안고 키스를 하고 있었다. 나는 카페의 문을 소리 나지 않게 닫고 나왔다.

*

그를 다시 만났다. 그는 내가 사는 이 동네에 살고 있었다. 그날 후로 몇 번인가 집으로 전화를 걸었다. 그때마다 자동응답기가 받았다. 그가 소설을 내기로 한 출판사에 전화를 걸어 소식을 물었다. 그는 마산의 집에 내려가 있다고 했다. 그런 것이 다섯 달이 되었다.

일요일 오전, 거실에 앉아 신문을 펼쳐들고 있는데 초인종이 울렸다. 그의 손엔 캔커피 두 개가 들려 있었고 머리는 감지 않아서 부스스했다.

"그 동안 잘 있었어요?"

그는 하얀 손을 내밀어 악수를 청했다. 그는 들어서자마자 담배를 찾았다.

"책 나왔어요?"

내 물음에 그는 고개를 가로저었다.

그가 고향에 내려가는 이유는 두 가지였다. 예비군 훈련이 있거나 생활비가 떨어졌거나 했을 때였다. 그의 소설은 예비군 훈련을 받으러 고향에 갔다 서울로 올라오는 과정을 그리는 것으로 시작되었다.

오후 다섯 시까지 그와 지나간 얘기를 했다. 그리고 삼겹살에 소주를 마시러 집을 나섰다. 그는 자신의 소설이 잘 나갔으면 좋겠다는 얘기를 몇 번인가 되풀이했다.

"한적한 바닷가에 집을 한 채 사서, 그곳에서 살고 싶어요."

그런 말을 할 때, 그의 눈은 아이의 눈을 하고 있었다.

언젠가 그가 사는 옥탑에 갔었다. 그 방은 잡동사니들로 가득 차 있었다. 냉장고와 TV, 비디오, 컴퓨터, 프린트기, 벽에 붙어있는 야한 사진들, 여기저기 펴지거나 접혀 있는 신문들, 캔커피의 빈 깡통들, 구석에 처박혀 있는 삐거덕거리는 나무침대 위에는 철사줄이 쳐져 있었다.

철사 줄에 빨래처럼 널려 있는 종이들에는 시가 적혀 있었다. 그에게 시를 쓰는 일은 빨래를 하는 일과 같아 보였다. 말리기 위해 널어놓은 시들.

"외도를 한 셈이지요. 소설은 쓰고 싶지 않았는데, 집에서의 송금이 끊기기 일보직전이라서."

우리는 소주 두 병씩을 나눠 마시고 일어섰다. 날이 어두워지고 있었다.

결국 그와 내가 찾아간 곳은 그 카페였다. 그와 나는 다섯 달 전의 그날처럼 맥주를 마셨다. 그는 자신이 가져다 놓은 레코드판을 턴테이블에 올려놓았다. 일곱 병인가의 맥주를 비웠을 때, 나는 더 앉아 있을 이유가 없어졌다. 그와 여사장, 그 둘은 나란히 앉아 속삭이기 시작했다.

마을버스를 타고 집에 돌아왔다. 9시 뉴스가 끝나고 스포츠 뉴스가 시작되었다. 나는 방에 누워 포도송이를 떼어 입에 넣고 있었다. 그때 초인종이 요란하게 울렸다. '이 시간에 벨을 누를 사람이 없을 텐데' 하면서 문을 열었다. 내 앞에 나타난 것은 그였다.

그는 술 한 잔 더 하자고 나를 졸랐다. 그는 『젊은 베르테르의 슬픔』 같은 소설을 꼭 한번 쓰겠다고 했다. 그는 울면서 종이쪽지 하나를 방바닥에 떨어뜨렸다. 그가 그 카페에서 외상술을 마신 내역이 거기 적혀 있었다.

"그 여자가 그랬어요. 키스해줄 테니 내일까지 외상값 꼭 갚으래요."

"……"

그 말을 마친 그의 입에서는 길고 깊은 한숨이 쏟아져 나왔다.

뱀 삼촌

얼음이 얼어붙은 계곡을 따라 걸었다. 겨울엔 새들이 어디로 가는지 모르겠다. 봄만 되면 밤낮없이 울어대는 새들은 철새인 듯했다. 꿩이나 비둘기 때까치는 크게 울지 않았다. 심난하게 우는 텃새는 비둘기가 유일했다. 그들은 말이나 울기를 많이 하면 에너지가 소진된다는 걸 알고 있는 것 같았다. 오래 못 버틸 걸 알고 있는 것 같았다.

허옇게 돌 위에 낀 얼음은 함석 쪼가리를 불러왔다. 전나무 밤나무 소나무를 감고 올라갔던 담쟁이 잎사귀도 떨어지고 없었다. 플래시를 켜들고 밤길을 걸어가는 내내 바람 소리만을 새겨들었다. 목적지가 없이 헤매던 시절을 돌이켜 보았다. 차를 세워둔 지점에서 20분을 걸었다. 백열등 불빛이 보였다.

건설 일꾼 넷이 먼저 와 있었다. 겨울은 일을 못해 기운을 충전

해 두는 계절이라 했다. 그들은 삼겹살을 구웠다. 그들은 사십 초반이거나 중반이거나 했다. 초저녁부터 올라와 제법 술이 되어 있었다.

남교 씨는 이 계곡에서 태어나 자란 사람이었다. 이 계곡에도 30가구가 넘는 화전민이 살고 있었다. 지금은 다섯 채밖에 남지 않았다. 사람이 사는 집은 세 채밖에 되지 않았다. 이 집만 해도 서울 사람이 사둔 것이다. 주인은 가끔씩 올라와 하루나 이틀 머물다 가곤 했다. 몇 달 전부터 서림아빠가 맡아서 관리하고 있었다. 예전에 대학 다닐 때 찾아와 몇 달 동안 살다간 계곡이었다.

남교 씨는 방안에 도마를 들여놓고 양념장을 만들었다. 그는 옛날에 시내에서 실내포장마차를 했는데 6개월 만에 망했다. 손님을 받기도 전에 주인이 취해 있었다. 음식 솜씨는 좋은데 한 번도 발휘할 수 없었다. 그 솜씨를 오늘에야 발휘하게 되었다고 그는 아이처럼 웃었다.

"고등학교 졸업하고 놀 때였어요. 그때만 해도 심심찮게 굿판이 벌어지곤 했어요. 계곡에서 꽹과리 소리만 나면 신이 났어요. 친구 셋이서 굿판이 열린 근처에 가서 기다렸지요. 진수성찬이 차려져 있었어요. 올라올 때는 어떻게 해서든 들고 오는데 내려갈 때는 다 놔두고 가거든요. 양념장과 부엌칼만 들고 가면 안주는 푸짐했어요. 셋이서 가위 바위 보를 해서 왕복 30리 길을 걸어가 됫병 소주 3병만 사 오면 종일 배 터지게 먹고 놀았어요."

서림아빠가 끼어들었다.

"남교 씨, 내가 있을 때만 해도 가끔 굿을 했는데…… 요즘엔 어디서 굿을 해요?"

"요즘엔 사람들이 약해 빠져서. 여기까지 올라오기 힘든가 봐요. 주로 절 아래 바위에서 한다네요."

"언제 꽹과리 소리 들리면 전화할게요."

"요즘은 돼지머리를 통째로 놓고 안 할 걸요. 편육을 은박접시에 몇 점 담아 와서 할 거예요."

"썰어먹는 재미가 톡톡한데…… 아쉽네요."

"그때 먹던 맛이 나겠어요. 새우젓에 콕콕 찍어먹던 그 맛……."

"……."

남교 씨는 플라스틱 된장 통에 양념장을 만들어 내밀었다. 양념장을 찍어 데친 양배추에 싸먹는 삼겹살은 기가 막혔다.

"재료만 있으면 오늘 다 죽일 수도 있어요."

담배 연기를 빼기 위해 열어놓은 방문으로 한기寒氣가 밀려들었다. 처마 밑에 엮어 말리는 꽁치 꽁지 끝에 고드름이 달려 있었다. 침엽수가 별로 없는 산등성이로 눈발이 날렸다.

"이런 데서 혼자 살면 얼마나 끔찍할까?"

내 얼굴을 보며 서림아빠가 웃었다.

"며칠만 있으면 똑같아져요. 혼자 있고 싶어 찾아왔는데, 이 정도는 감수해야지요."

서울 종로구 평창동 산꼭대기 집에서 겨울을 나던 때가 생각났다. 잠들면 어김없이 얼굴 가까이 물바가지만 한 얼굴을 들이밀고 속삭이던 괴물인가 귀신인가가 떠올랐다. 깊이 잠들면 넌 죽어! 그때마다 나는 주먹을 휘둘렀다. 자줏빛 레자소파에서 잠을 청했다. 망설이고 망설이다 눈을 떴다. 붉은 플라스틱 물바가지 얼굴은 온데간데 없었다.

“이 집도 만만치 않을 것 같은데요. 뭔가가 자꾸 간섭하지 않나요?”

서림아빠가 웃음을 흘렸다.

“등을 돌리고 자면, 뭔가가 등 뒤에 와서 눕는 것 같아 똑바로 누워 잔답니다. 전축을 틀어놓고 불을 켜놓고.”

“내가 술을 마셨다면, 귀신한테 홀려 밤새 골짜기를 헤맸을 지도 모르지요. 오줌 누러갈 사람들은 조를 짜서 나가야 할 거요.”

서림아빠는 산에 올라오기 전에 술을 딱 끊었다. 나는 술을 끊었다고 말하는 사람을 믿은 적이 없었다. 길어야 몇 달 만에 다시 술을 마시기 시작했다. 서림아빠는 술을 끊은 지 2년이 되었다. 이제는 정말 술을 끊은 것도 같고 아닌 것도 같았다. 서림아빠 앞으로 술잔을 밀고 한 잔 드세요, 떠보았다. 그때마다 서림아빠는 나는 그냥 커피나 마실래 했다. 서림아빠는 이제 술 없이도 살 수 있겠다, 그 동안 왜 술한테 질질 끌려 다녔는지 모르겠다 했다.

창고 뒤편에 거적을 덮어놓은 노란 물통이 있었다. 골짜기에서 호스를 늘여 물을 받아먹었다. 겨울동안에는 호스가 얼어 있었다. 물통의 거적을 걷고 얼음을 깨 물을 길어왔다. 물통의 물이 떨어지면 양동이를 들고 골짜기로 올라가야 할 판이었다. 서림아빠가 양동이를 들고 물통으로 향했다.

"저 물통은 누가 져 날랐을까?"

"힘센 집주인이 져 나르지 않았을까?"

전기가 들어오는 것도 전화가 되는 것도 신기했다.

서림아빠 방에는 책꽂이에 책과 음악 CD가 한쪽 벽면을 차지하고 있었다. 전축과 엄청난 스피커 둘, 컴퓨터, 책상, 그밖에 자잘한 살림도구들도 일일이 져 날랐다.

"몇 년 전 만해도, 차 다니는 길이 없었어요. 요즘엔 절에 가는 길이 나서 일도 아니죠."

"그렇겠군요. 표 받는 데서 걸어 다니려면 한참 걸렸겠어요."

"시내에 갔다 오는데, 꼬박 하루 걸렸어요. 차가 없었으니까요."

"이런 데서 어떻게 살았을까요?"

"편해지면 편해진 만큼 어려운 법이죠."

"여기 계곡이 제법 넓은데 봄 되면 개구리 많겠군요?"

"개구리, 뱀은 널려 있었어요. 어렸을 때는 여기까지 뱀 잡으러 왔었어요. 요즘 식으로 치면, 아르바이트한 셈이죠."

"혹시, 뱀꾼이 직업 아니셨어요?"

"아니, 그런 건 아니고. 한번 잡으면 비료부대로 몇 부대씩 잡아서 서울 사람들에게 붙였죠."

"꿈속에 뱀이 안 나타나던가요?"

"언젠가 여름이었어요. 계곡으로 놀러온 여자와 단 둘이서 발 담그고 캔맥주 마시고 있는데요. 서울에서 가끔 뱀 주문하는 다방 마담이 있었어요. 뱀을 안 부쳐주니까 답답해서 여기까지 찾아왔지 뭡니까. 그 여자가 차에서 내리는 걸 먼저 본 게 다행이었어요. 한참 여자를 꾀고 있는데 뱀 잡아내라고 하면 어땠겠어요? 눈앞이 아찔합니다. 그 여자가 지금 마누라거든요. 자리에서 일어나 슬슬 피하는데 마담 여자가 나를 봤지 뭡니까. 잠깐 집에 좀 다녀온다고 하고 부리나케 뛰기 시작했어요. 다급한 다방 마담이 하이힐을 벗어 쥐고 좇아오기 시작했어요. 다방 마담은 내 이름을 몰랐거든요. 다급한 다방 마담이 나를 불렀어요."

"뭐라고 불렀어요?"

"한참 좇아오다 더는 못 좇아올 것 같으니. 악을 쓰면서."

우리는 남교 씨를 쳐다보았다. 남교 씨는, 술이나 한 잔씩 합시다 했다.

"뭐라고 불렀을까? 마담 언니가."

남교 씨는 한참 동안 뜸을 들였다.

"그 마담 여자가, 악을 쓰면서 뱀 삼촌, 뱀 삼촌, 어디 가! 하지 뭐예요."

"형수님한테도, 뱀 삼촌인 거 들켜버렸군요."

"아니에요. 그거 들켰으면 시집 왔겠어요."

"그럼, 아직도 뱀 삼촌이었던 거 모르시겠네요."

"그럼요. 지금 알아도 안 살려고 할 걸요."

우리는 배꼽이 빠지도록 웃었다. 뱀 삼촌도 따라 웃었다.

"언젠가 한 번은, 서울 사는 친구가 개구리 잡아 오래서 얼음을 깨고 개구리를 잡았어요. 검은 비닐봉지 두 겹에 개구리를 담아 고속버스를 탔어요. 개구리 봉지를 고속버스 선반에 올리고 한참 자고 있었어요. 그런데 어디에선가 개구리 울음소리가 들리기 시작했어요. 처음엔 꿈을 꾸는 줄 알았어요. 한참 가다보니 선반 위에 올려놓은 개구리가 생각났어요. 히터가 들어오는 고속버스 안에서 잠을 깬 개구리들이 울기 시작한 거예요. 처음엔 몇 마리가 울기 시작했어요. 점점 개구리 울음소리가 커지더라고요. 서울까지 가는 동안 모른 척 팔짱을 끼고 자는 척했어요."

뱀 삼촌이 옛날 얘기를 하는 동안, 우리들은 웃느라 눈물범벅이 되는 줄도 몰랐다.

엷은 장작 연기 내가 방으로 스며들고 있었다. 가끔씩 벽지 저편에서 흙가루 떨어지는 소리가 들려왔다.

고욤나무

새벽에 일어나니 그가 죽었다고 했다. 그는 이년 여 끌어오던 위암과의 싸움을 끝냈다. 술도 마시지 않던 사람이 왜 위암에 걸렸을까? 수술비가 없어 위암 진단을 받아놓고 죽을 날만 기다리던 그였다.

그가 죽기 일주일 전이었다. 모내기를 끝내고 돌아오던 길에 그를 잠깐 문병했다. 캄캄한 방안에서 야구 모자를 눌러쓰고 웅크리고 누워있는 그를 보았다. 그는 억지로 일어나려 애쓰다 그냥 누워버렸다.

"몸이 아파 도저히 못 일어나겠어요."

그는 나에게 오년 선배였으나 존댓말을 썼다. 언제부턴가 기억까지 흐려진 모양이었다. 그는 야구 모자를 벗었다 썼다. 그때마다 알머리가 드러났다 사라졌다.

"형님, 술 한 잔 하시겠어요?"

그의 얼굴은 투명에 가까웠다. 투명인간이 되어가고 있었다. 나는 얼마 남지 않은 것에 대해 생각했다. 마룻바닥에 엉덩이를 걸치고 앉아 미지근한 맥주를 마셨다. 양철대문이 있었는데 없어졌다. 빈 돼지우리가 보이고 어두워지는 신작로가 보였다. 모를 심은 논두렁들이 보였다. 그를 감싸고 있는 어둠의 냄새는 눅진했다. 고약한 진물이 고인 것처럼 맥주잔에도 그런 맛이 보태졌다. 그는 여닫이 방문을 어서 닫아주기만을 고대했다. 등을 돌리고 누운 그의 흰목덜미가 광목 쪼가리처럼 서늘했다. 경운기 소리가 들렸다. 1기통 엔진이 농로를 달리고 있었다.

모 심으러 오기 전에 수송아지를 받아냈다. 미끈거리는 앞 발목을 잡고 잡아당겼다. 몇 번 엉덩방아를 찧은 다음에야 경운기 대가리에 줄을 매고 구멍 속 송아지 앞 발목에도 줄을 묶었다. 후진기어를 넣고 당겼다. 쏙 빨려나온 수송아지는 떨고 있었다. 수건을 가져다 털을 닦아주었다. 얼마 지나지 않아 다리를 후들거리며 일어나 젖을 빨았다.

그를 가까이서 본 건 참으로 오래된 일이었다. 그는 누구와 얼굴을 마주치지 않기 위해 주위를 살폈다. 누군가가 다가오면 집 안으로 숨어들었다. 인기척이 나면 방으로 들어가 문을 잠갔다. 그런 그가, 대낮에 밖으로 나와 일을 하는 걸 보는 일은 쉽지 않았다. 두엄을 내기 위해 경운기 짐칸을 두엄더미에 대던 그를 본 적이 있었다. 위암 진단을 받기 얼마 전의 일이었다.

그는 새싹 마크가 붙은 모자를 쓰고 두엄을 싣고 있었다. 시누대나무 숲이 울타리를 친 그의 집에서는 새가 우는 소리가 그치지 않았다. 그는 목에 걸친 수건으로 땀을 훔쳐내면서 두엄을 실었다. 푸른 줄을 긋고 버스가 지나가고 있었다. 12시 40분에 지나가는 시내버스였다. 나는 자칫 그의 휘파람소리를 놓칠 뻔했다. 그가 부는 휘파람소리가 아지랑이를 피어올리고 있었다. 새소리에 섞여 시누대나무 숲을 흔들던, 그의 휘파람소리가 농로와 논둑 밭둑 산길로도 접어들고 있었다. 그는 신이 나 신작로를 따라 달리고 있었다. 아까시 꽃이 뭉게구름을 피어 올린 신작로와 야산에도 그의 휘파람소리가 스며들고 있었다.

무더기로 자란 풀이 깔린 농로에 이슬이 말라갔다. 그는 요양시설을 옮겨 다니며 20대, 30대를 살았다. 그는 요양시설을 뛰쳐나와 몇 차례 집에 돌아왔다. 택시비가 십 몇 만 원씩 나왔다. 그는 바로 요양시설로 보내졌다. 방치된 밤동산에 밤꽃이 피고 낮 비둘기가 울었다. 쭉정이가 태반인 밤이 열렸다. 벌레가 들끓었다.

그의 집 산모퉁이에는 고욤나무가 서 있었다. 어른 키만큼 올라간 곳에서 가지가 두 갈래로 퍼져 나갔다. 신작로가 바로 앞에 보였다. 어딘가로 떠나고 싶을 때마다 고욤나무가지 사이에 가랑이를 끼우고 앉았다. 어딘가로 가 달라고 고욤나무를 흔들었다. 이 동네가 아니라면 어디라도 좋으니, 데려가 달라고 뱀 껍질처럼 징그러운 고욤나무가지를 잡고 흔들었다. 그도 그런 적이 있을 것이다.

흰 원피스를 입은 아줌마가 고욤나무를 지나 그의 집으로 가고 있었다. 그는 어느새 밭에 나와 경운기 짐칸의 두엄을 부리고 있었다. 그는 경운기 소리에 아줌마가 부르는 소리를 듣지 못했다.

"○○씨, ○○씨……."

손을 들어 흔드는, 아줌마의 목소리는, 흰 나비를 날리고 있었다.

그는 노총각이었다. 언제부턴가 읍내에서 찾아오는 아줌마가 있다는 이야기를 나만 모르고 있었다.

새벽에 서울로 올라오다 보니, 그 고욤나무는 베어지고 없었다.

라일락이 피어

잠긴 방문 앞에서 서성이는 사람이 있네
그는 방금 방문을 잠그고 나온 사람이네
열쇠를 안에 두고 방문을 잠근 사람이네
아무도 없는 방문 안 아무도 상상할 수 없는
방문 안의 세계를 향하여, 그는 걸어가야 하네
어딘지 모르는 열쇠가게를 향하여 걸어가야 하네

— 시, 「잠긴 방문」 전문

라일락이 피어 양옥 2층 난간에 팔꿈치를 대고 두 손으로 턱을 받치고 라일락을 바라보던 때, 라일락 꽃봉오리는 향수병이었다. 빗방울이 마개를 막아버린 향수병은 보랏빛이었다.

나는 가끔 열이 오른 이마를 짚어보기도 했다. 내가 태어나기 전, 내 영혼에서 빠져나갔지 싶은 보랏빛을 바라보는데 처마 밑에 달아놓은 풍경風景이 울리기도 했다. 내가 꿈꾸기도 전에 사라진 보랏빛이 무리를 지어 피어, 나는 하염없이 먼 곳으로 가는 길을 더듬어야 했다.

방에 틀어박혀 흑백사진을 찍는 사람의 사진들을 떠올렸다. 가끔은 촛불을 켜놓고 손바닥으로 얼굴을 가리고 있었다. 살아있는 것만큼 심한 악몽이 어디 있겠는가 싶었다. 밤새 비 맞은 참새가 전깃줄을 움켜쥐고 있었다. 눈을 질끈 감을 힘도 없어 보이는 참새가 짤막하게 울었다. 참새의 털은 한껏 부풀어 올라 있었다. 그동안 내가 꾼 악몽은 아무것도 아니었다. 지금껏 내가 꾼 악몽을 모두 합쳐야 볼 수 있는 것이었다. 밤새 비 맞은 참새의 부리 끝 라일락 향수병 마개들.

증오를 키우기 위해 식탁에 마주앉아 밥을 먹었다.
증오를 키우기 위해 술집에 마주앉아 술을 먹었다.

어딘가에 나랑 비슷한 열쇠를 가진 사람이 있을지 모른다. 그는 내가 잠근 방안의 풍경을 얼마만큼 나눠가진 사람일 것이다. 그는 이 세상에서 자신을 가장 증오하는 사람일 것이다. 그 다음으로, 얼마 전까지 같이 붙어살던 사람을 증오하는 사람일 것이다.

마을버스 브레이크 라이닝 깎이는 소리가 들렸다. 내 머리는 부딪혀 이는 불꽃들을 담아놓고 있었다. 그러나 나는, 그런 불꽃쯤은 금세 쇳가루로 만들어 아무도 모르게 아스팔트에 뿌릴 줄을 알았다.

활짝 문을 열었다 닫는 마을버스가 라일락 향기를 얼마쯤 담아가지고 출발하는 것을 보았다. 2층으로 올라오는 철 계단에서 라일락가지 하나를 끌어다 코에 갖다 대고 웃음 짓던 그 사람이 떠올랐다. 혼자 중얼거리던 그 사람의 말 한 마디가 떠올랐다.

너, 여기 숨어 있었구나.

새끼고양이

얼마 전부터 어미 고양이가 새끼 고양이를 달고 나타나서는 장독대와 기와지붕에 버젓이 누워 해바라기를 하거나 수돗가에 내놓은 쓰레기봉투를 뒤지기 시작했다. 어미 고양이는 나 같은 인간들의 눈길을 외면한 채, 아주 느긋한 동작으로 등을 곧추세우고 거만하게 걸어 다녔다. 기와지붕 등성이에 호랑이 가죽 무늬를 누이고 살짝 양미간을 찌푸리고 낮잠을 즐겼다. 신발을 집어던지는 시늉을 해도 너 같은 놈이 차마 집어던지랴 하는 식이었다. 신발의 상표라도 훔쳐보는 기색도 아니었다. 나는 잔뜩 약이 올라 장독대 계단으로 올라갔지만 어미 고양이는 꿈쩍도 하지 않았다. 여긴 네가 마음대로 오를 수 없는 곳이야, 하는 것 같았다. 나는 약이 올라 집어던질 것을 찾았다. 주위에는 마땅한 것이 없었다. 헛 몸짓만 하다가 제풀에 기가 꺾여 내려오고 말았다.

새끼는 아직 겁이 많아 어미 곁에 오지 못하고 또 다른 지붕에 웅크리고 앉아 어미를 바라보고 있었다. 새끼 고양이는 겁이 많은 만큼 동작도 민첩했다. 우당탕탕 함석으로 된 물받이를 밟고 뛰는 것이 여간 민첩한 것이 아니었다. 인기척만 있어도 금세 모습을 감추기 급급했다. 어미 뒤를 졸졸 따라다니다가도 이때다 싶으면 도망가기 바빴다.

언젠가는 어미 뒤를 졸졸 쫓아 거실의 식탁에 앉아 살을 발라 먹은 갈비뼈를 싹싹 핥고 있는 것을 보았다. 어미는 옆에서 새끼가 먹는 모습을 바라보고 있었다. 가끔 주위를 살피는 것도 잊지 않았다.

어미 고양이는 마당에 내려오기를 겁냈다. 거기까지는 자기 영역이 아님을 알고 있는 것 같았다. 그때는 힘없는 침입자인 줄을 알고 재빠르게 담을 타고 함석 물받이를 타고 지붕 어딘가로 도망치기 바빴다.

귀 떨어진 접시에 생선 가시를 담아 장독대에 내다 놓곤 했었다. 처음 며칠은 쳐다보지도 않았다. 녀석들은 의심이 눈덩이 같았다. 우리는 훔쳐 먹거나 뒤져 먹는 게 전공이지 갖다 바치는 건 절대로 사양한다, 뭐 그런 식이었다. 거지 주제에 어지간히 거들먹거리는 놈들이었다. 약을 발라 놨을까 봐, 낚시 바늘이라도 숨겨 놨을까 봐, 음식물 쓰레기를 버리는 수고를 덜자고 하는 짓이라고, 자존심 상한다고, 놈들은 내 성의를 무시했다. 나는 은근히 부아가 치밀었다. 문방구에 가서 팔천 원이나 하는 장총을 하나 사 왔다.

홀쭉한 배에 한 방 먹여 줄 참이었다. 그래도 배가 부른가 보지? 안 먹고도 살 수 있나 봐라. 따끔하게 한 방 먹일 작정이었다.

어미는 새끼에게 느긋함을 알려 주고 있었다. 우리는 먹는 것에 욕심이 없어야 한다. 우리는 조금만 먹어도 된다. 나머지는 잠으로 채우면 된다. 최소한의 움직임으로 에너지를 절약하는 법을 알려 주고 있었다. 적게 먹는 만큼 적게 움직이고 남는 시간 잠으로 보충하면 된다. 신경이 예민해서는 절대 안 된다. 무시한 만큼 오래 살 수 있다. 나는 장총을 겨누고 녀석이 나타날 길목을 지켰다.

아랫집 아이는 일곱 살인데 엄마가 없고 아빠도 일주일에 한번 꼴로 집에 들른다. 유치원에 다니는 아이는 할머니 손에 길러지고 있다. 할머니는 굿을 할 사람을 찾아 무당에게 연결해 주고 얼마큼의 지분을 얻어 생활한다. 할머니는 오토바이를 타고 하루 종일 굿할 사람을 찾아다닌다. 그런데 아이는 일요일마다 교회에 나간다. 할머니는 관여하지 않는다.

아이는 새끼 고양이를 '순진이'라고 부른다. 왜 그렇게 부르는지 알 수 없다. 아이만이 알고 부르는 이름이다. 아이는 오늘 '순진이'를 몇 번 보았다는 둥 어디까지 나왔다는 둥 호들갑을 떨곤 한다. 기왓장 몇 장 깨질 것을 각오하고 돌을 집어던지려고 하던 찰나에 아이가 "안 돼!" 하고 소리치는 바람에 어미 고양이에게 돌을 던질 기회를 놓친 적이 있다. 아이는 울먹이면서 이렇게 말했다.

"아저씨, 어미 고양이에게는 새끼가 있잖아요."

아이는 어느 새 내 옆에 와 앉아 있다.

"아저씨, 아프게는 쏘지 말아요."

아이의 눈은 내 얼굴에 집중되어 있다.

나는 겨누고 있던 장총의 총구를 공중으로 돌리고 '팡' 소리가 나게 방아쇠를 당겼다. 어미에게 새끼가 있는 만큼 새끼에게도 하나뿐인 어미가 있음을 알았다.

병아리를 샀다

*

홍제 전철역 계단 아래 종이박스 가득히 병아리와 메추라기 새끼를 담아 놓고 파는 아줌마가 있었다. 이제 가을인데 병아리와 메추라기 새끼를 비닐봉지에 담아 가는 사람을 보고 나는 깜빡 잠이 든 모양이었다. 사천 원을 주고 여섯 개의 생명과 먹이 한 봉지를 사고 말았다. 병아리 여섯 마리를 두 개의 비닐봉지에 나눠 들고 지하철을 탔다. 내게 시선이 집중되었다. 쉴 새 없이 삐악거리는 병아리 때문이었다. 옆에 앉은 아가씨 둘이서 비닐봉지 속을 들여다보았다.

"병아리 맞죠? 병아리 철이 아닌데 어디서 샀어요? 아이, 귀여워라."

보통 여자들이란 단순하기 이를 데 없다. 남자들은 단순하지 않은 여자들과 살지 않을 수 없다. 사랑의 눈으로 보면 아름답지 않은 게 없다. 귀엽다란 말 속에는 징그러움이 들어가 살고 있는데 사람들은 그걸 보지 않으려 한다. 그건 대비가 아니다. 사람들은 자기를 기준으로 가치판단을 하지 않을 수 없다.

"참 귀엽네요. 저 탐스런 털 좀 봐."

"그렇지요. 참 싱싱하게 생겼지요?"

옆에 앉은 아가씨는 비닐봉지에서 눈길을 거둔다. 그러고는 친구에게 속삭인다.

"싱싱하대 글쎄."

그들의 잣대로는 고기를 연상했을 것이 틀림없다. 자기들도 싱싱한 고기를 고를 거면서 내 참. 나는 속으로 싱싱함을 오해한 아가씨들을 원망했다.

봄 상추의 싱싱함이 떠올랐다. 나는 어느 누구에게도 봄 상추라고 불러 보지 못했다. 내가 가진 잣대가 틀려먹었다. 바라보는 것만으로 만족되는 대상은 세상에 얼마든지 있을 것인데 그건 대부분 얼마만큼의 기간이 지나면 사라지는 싱싱함이었다. 내가 가진 독이 말끔히 해독되는 봄 상추의 싱싱함. 그건 바라볼 때만 가능한 일이었다. 뜯어서 쌈을 싸 먹는다고 싱싱함을 채울 수 있는 건 아니었다. 마음의 병은 스스로 다스려야 하는 것이다. 대부분은 엄살이고 꾀병이니 말이다. 몇 년 묵은똥을 먹거나 발라야 낫는 병과 상처가 있다면, 그런 처방을 쓰기 전에 거의가 기적처럼 일어나 달리기까지 할 수 있으니 말이다.

*

현숙이라는 아이가 있었는데 집에서 닭 두 마리를 기르고 있었다. 우리 집 삐악이가 어쩌고저쩌고 수다를 떠는 걸 들은 적이 있었다. 현숙이는 가끔 삶은 계란을 학교에 가져오기도 했다. 언젠가는 하얗게 깐 계란에 소금까지 찍어서 내게 내민 적이 있었다.

"선생님, 우리 삐악이 알이에요. 얼른 드셔 보세요."

그 짧은 순간 나는 목이 막혔다. 그 아이의 까만 눈동자 속 까마득한 우물을 보아서일 것이다. 그 아이네 아파트 베란다 좁은 닭장이 떠올라서일 것이다. 현숙이는 잘게 부스러진 계란 껍데기를 호일에 쌌다.

"이건 우리 집 삐악이 먹이에요."

껍데기를 먹고 다시 알을 낳을 닭을 생각하니, 한참 동안 마음이 아렸다.

#3

신문지에 싸인 장미 한 다발

전지 당한 장미 한 다발

고무줄로 묶인 장미 한 다발

피었다 시들 장미 한 다발

마음은

수백 번 잘려도

다시 자라는 잔가지

누가 시들 때까지 지켜볼까

누구의 뿌리를 가질 수 있을까

— 시, 「뿌리」 전문

숫염소와의 대결

불광천에 운동 나온 사람들을 구경한다. 종종 뒷걸음으로 걷는 사람을 보게 된다. 나는 뒤로 걸어본 적이 없다. 뒤로 걷는 사람을 볼 때마다 돌아가고 싶은 곳을 생각한다. 뒤로 걸어서라도 돌아가고 싶은 곳, 돌아가고 싶은 시절, 뒤로 걸으면 돌아갈 수도 있을 것 같다.

초등학교에서 집으로 가는 길에 둠벙이 있었다. 불룩하게 나온 배를 끓이고 있는 논둑길을 걸었다. 질퍽한 길이었다. 바짓단을 접어 올리고 미끄러질 것에 대비해야 하는 길이었다. 둠벙 옆에서는 풀이 잘 자랐다. 봄볕이 잘 드는 곳이었다. 누군가가 숫염소를 매놓았다. 노린내가 고약한 숫염소는 저 혼자 풀을 뜯었다. 숫염소는 아이들을 무시했다. 지가 산 날보다는 아이들이 오래 살았는데 건방지게 굴었다. 길을 비켜주지 않았다. 둠벙 둘레에서 풀을 뜯다가 길을 가로막고 대들었다.

나는 막대기를 집어 들고 대가리를 때렸다. 숫염소는 뿔을 들이 밀었다. 노린내가 밀려들었다. 막대기는 소용없었다. 숫염소는 끄떡하지 않았다. 등이나 배를 갈겨도 비웃음소리를 내었다.

둠병 주위의 흙은 물렁거렸다. 말뚝이 빠지는 날에는 숫염소 뿔에 받혀 사타구니를 찔릴 수도 있었다. 숫염소가 발악하지 못하게 하는 것이 최상책이었다. 숫염소는 논둑길에 버티고 서서 돌아갈 것을 강요했다. 그렇다고 지름길을 놔두고 순순히 돌아갈 수는 없었다. 나는 숫염소가 뒷걸음질 치게 만들어야 했다.

내가 가진 무기는 침이었다. 숫염소 얼굴에 대고 침을 뱉었다. 얼굴에 침을 뱉자 숫염소는 뒷걸음질 치기 시작했다. 나는 숫염소 얼굴에 연거푸 침을 뱉었다. 둠병 둘레로 숫염소를 몰았다. 이참에 숫염소를 둠병에 처박아야겠다고 다짐했다.

아무리 침을 뱉어도 숫염소는 둠병으로 밀려나지 않았다. 뒷발에 힘을 주고 얼굴을 밑으로 내리깔고 머리를 내둘렀다. 한 방울이라도 침을 피해보겠다는 계략이었다. 뒷모습을 보이면 끝장이었다. 침을 뱉지 않으면 숫염소는 곧바로 달려들었다.

나는 겁이 나기 시작했다. 더 이상 침이 나오지 않으면 어떻게 될까? 침을 뱉으면서 침이 마를 것을 걱정하고 있었다. 침을 뱉으면서 한 발자국씩 뒤로 물러났다. 팽팽한 신경전이 이어졌다. 침을 뱉는 횟수에 따라 염소는 뒤로 물러났다가 앞으로 나왔다. 숫염소에게서 풍기는 노린내가 숫염소와 나의 경계를 구분 짓고 있었다.

뒤로 물러나는 것도 쉽지 않았다. 미끄러지는 날엔 꼼짝없이 숫염소의 뿔을 몸으로 받아내야 할 참이었다. 나는 둠벙 둘레까지 숫염소를 내몰았다. 침이 마르지 않았다. 결국엔 숫염소가 꽁무니를 보이고 도망갔다.

나는 다시 한번 걸리면 둠벙으로 밀어 넣을 것이라 호통을 쳤다. 그러고는 느긋하게 등을 보이고 걸어가는데 숫염소가 기습공격을 감행했다. 나는 기겁을 하고 집까지 전력 질주로 내달렸다.

대문 앞에 세워둔 작대기를 들고 숫염소에게로 달려갔다. 숫염소와 대결하는 동안 노린내를 맡아야 했다. 작대기로 숫염소 대가리를 가격했다. 딱, 딱 소리가 울렸다. 나는 침을 뱉어 숫염소를 둠벙 둘레까지 밀어붙였다. 숫염소의 옆구리를 작대기로 밀어 둠벙에 빠뜨렸다. 흙염이 가득한 둠벙에 빠진 숫염소는 늪을 만났다. 숫염소는 주둥이를 하늘로 향하고 울음소리를 냈다.

주인 할아버지가 멀리서 달려오고 있었다. 나는 숫염소 목에 걸린 줄을 당겼다. 숫염소는 끌려나오지 않으려고 버텼다. 숫염소 목사리가 빠져나오기 직전이었다. 나는 숫염소를 버려두고 달아나기 시작했다.

겨울밤

찬바람이 들어오는 창호지 문 앞에 앉아 담배를 피우고 있는 아버지. 나도 가끔 아버지처럼 밝아오는 방문 앞에 앉아 담배를 피우게 된다. 창호지 문살의 무늬가 가슴에 새겨지게 된다. 참 이상한 일이다. 닮지 않으려고 부단히 노력했건만 소용없는 일이 되고 말았다. 아버지는 식솔들을 깨우지 않으려고, 식솔들에게 자신의 심약한 모습을 들키지 않으려고 무진장 애를 썼다.

아버지는 손바닥으로 터져 나오는 기침을 틀어막고 있었다. 어깨가 들썩거리는 아버지. 참 난감한 일이 아닐 수 없었다. 땅 몇 백 평에 딸린 여섯 식솔을 책임져야 한 아버지. 아버지는 새벽까지 주막에 머물러 있었다. 아버지는 방안에 쉰 술독을 가져다 놓았다. 쉰 막걸리 냄새가 방안에서 들끓었다. 가닥이 잡히지 않는 생각이 꼬리를 물고 내달렸다. 아버지는 창호지 문 앞에 앉아 새벽을 맞고 있었다. 아버지는 슬그머니 일어나 창호지 문을 열고 밖으로 나갔다. 문이 벽이었고 벽이 문이었다.

나는 오줌을 참고 있었다. 아버지에게 들키고 싶지 않았다. 아버지는 무서웠고 잔정이 없었다. 나는 무시당하고 싶지 않았다. 아버지가 나간 방안엔 평화가 찾아왔다. 아버지는 요강을 들고 나가 수챗구멍에 비웠다. 그러고는 창호지 문을 열고 방안에 요강을 들여놓았다. 아버지는 기침을 달고 살았다. 아버지가 어디 있는지는 금세 알 수 있었다. 기침을 하지 않는 아버지는 존재할 수 없었다. 10년 넘게 금광에 다닌 아버지. 돌가루가 폐에 쌓여 기침을 하지 않고는 살 수 없었다.

아버지는 부엌 아궁이 앞에 앉아 삭정이를 분질렀다. 쇠죽을 쑤는 것으로 하루 일과를 시작했다. 밤새 싸늘하게 식은 방바닥을 데웠다. 두터운 솜이불 속에 파묻혀 웅크린 여섯 식솔은 미열을 느끼고 있었다. 어머니는 개펄에 나가 몸뻬에 뻘을 잔뜩 묻히고 돌아왔다. 생굴에 식초와 깨소금, 고춧가루를 넣고 굴회를 만들어 저녁 밥상에 올리는 게 어머니의 크나큰 낙이었다. 새벽까지 아버지를 기다리다 잠이 든 어머니. 손전등을 들고 아랫마을 주막 앞을 기웃거리다 차마 문은 두드리지 못하고 돌아온 어머니. 손전등 불빛 안 작은 원들을 길에 뿌리고 돌아온 어머니. 어머니는 결국 나를 앞세우고 주막까지 갔다. 나는 용기가 안 나 머뭇거리는 어머니 대신 주막으로 들어갔다. 아버지는 화투장을 거머쥐고, 홍시처럼 달아올라 먼 나라에서 찾아온 이방인을 바라보았다.

"먼저 가 있어. 금방 간다. 어서 가 있어!"

아버지는 곧바로 부채를 펼치듯이 화투 패를 펼쳤다. 다시는 눈길 한번 주지 않았다. 나는 한참을 더 서 있었다. 밖에는 어머니가 손전등을 끈 채 서 있었다. 나는 아버지와 어머니 사이에 끼어 숨이 막혔다. 파리똥딱지가 다닥다닥 박힌 뿌연 알전구만 한참 바라보고 서 있었다. 주막 안엔 술기운으로 가득 차 있었다. 공기의 80%는 알코올이었다. 들어와 숨만 쉬고 있어도 저절로 술기운에 말려들어 주저앉고 말 것이었다. 나는 수렁과 늪이 연상되어 견디기 어려웠다. 연탄불 위에 올려진 양동이에서 꼬막이 허연 김을 피우고 있었다. 손톱 밑에 까맣게 낀 때가 떠올랐다. 주막 안방을 독차지하고 앉아 화투를 치는 양반들 손가락이었다. 그 손가락들이 막걸리 한 사발을 들이켜고 까 드실 꼬막이었다. 저걸 다 까 드셔야 판이 끝날 것이었다. 꼬막 껍질은 주막 마당에 부려질 것이다. 어머니는 지금 꼬막 껍질이 박힌 주막 마당에 홀로 서서 주막 안 동정에 온 신경을 쏟고 있을 것이다. 지금 밖으로 나간다 해도, 다시 한번 가자고 졸라보라고 떠밀려올 것이 분명했다. 나갔다 다시 들어온다 해도 아버지는 코빼기 한번 내보이지 않을 게 분명했다. 나는 신경질을 부리지 않으려고 마음을 다잡았다. 끝까지 포기하지 않는 어머니가 무서웠다. 들판에 범람하는 바람이 무서웠다. 살에 금이 가는 느낌이 무서웠다. 마음이 깨져 흐트러지는 느낌이 서러웠다. 어머니는 뛰는 법이 없었다. 나는 바람이 닿지 않는 산모퉁이를 돌아서서 어머니를 기다렸다. 산모퉁이를 돌아서면 온대지방이었다. 어머니는 구멍이 숭숭 뚫린 갈색 조끼를 입고 당당하게 걸어오고 있었다. 손전등 불빛 안 가는 금색 원들은 길 밖으로 벗어나는 법이 없었다. 개천 옆 미루나무가 바람의 물살에 떠내려가지 않으려고 휘고 있었다. 미루나무 중턱 까치둥지도 연방 도리질을 하고 있었다. 세찬 바람의 수면에 뜬 초롱거리는 별과 제 살을 깎아먹고 제 몸을 살찌우는 달은 저 세상 것이었다. 어머니는 어디로 걷고 있었을까? 서릿발 서린 길을 낱낱이 비추면서 걸어오는 어머니. 나는 뭉툭한 돌멩이를 집어 길바닥에 쓸데없는 낙서를 했다.

"네가 태어났을 때였지. 네 아버지가 광산에 다닐 때였다. 그땐 산이 다 벌거숭이였어. 솔잎을 주어 불을 때기 위해 하루 종일 벌거숭이산을 뒤지고 다녔지. 그 추운 겨울밤을 어찌 보냈는지 모르겠다. 네 아버지는 광산에 가기 전이나 광산에 갔다 와서 네 얼굴을 한참 내려다보고 있더라. 그땐 왜 그렇게 없이 살았는지. 지금 생각하면 기적 같은 일이다."

기름 값이 아까운 두 분은 아직도 아래채에서 생활한다. 군불을 지피고 누워 있으면 온갖 시름이 사라진단다. 온돌 방바닥에 몸을 지지고 일어나야 비로소 잔 것 같단다. 새로 지은 집엔 호스가 터지지 않을 만큼만 보일러를 튼다. 손님이나 와야 보일러가 열을 내 집 안 구석구석을 데운다.

사이

날지 못하는 까치를 보았다. 덫에 치여 한쪽 다리를 못쓰게 된 까치가 있었다. 한쪽 다리로 뛰어가던 까치가 있었다. 인간들에게 잡히지 않으려 있는 힘껏 뛰어가던 까치가 있었다. 도랑이나 산기슭에 처박히던 까치가 있었다. 까치는 제트기와 같아서 활주로가 있어야 날 수 있었다. 까치는 도움닫기를 해야 날아갈 수 있었다. 까치는 한쪽 다리가 부러져 있었다. 까치는 부러진 다리를 질질 끌며 날아가기 위해 안간힘을 쓰고 있었다.

까치는 인간들 손아귀에 들어갔다 풀려나기를 거듭했다. 까치는 잡힐 줄 뻔히 알면서 번번이 기겁을 하고 달아났다. 날개를 펼쳐 들고, 중심을 잡기 위해 바닥을 치면서 내달리던 까치를 보았다. 끊임없이 날개로 바닥을 치면서 내달리던 까치를 보았다. 자신의 몸을 바닥에서 쳐올리던 까치를 보았다. 자신을 포기할 수 없는 까치를 보았다. 자신을 믿을 수 없는 까치를 보았다. 뒤를 돌아보지 않는 까치를 보았다.

— 시, 「절름발이 까치」 전문

*

오른다리가 부러진 까치를 절뚝발이라고 부르는 건 어른들이었다. 어른들의 눈에는 날지 못하는 까치가 불쌍한 존재로밖에 보이지 않았다. 자신들도 날지 못하면서 날지 못하는 까치를 불쌍하다고 생각하는 건 옳지 않았다. 우리들은 까치가 날 수 없다고 생각하지 않았다. 최소한 두 날개로 바닥을 치면서 도움닫기를 하는 까치를 볼 때면 자신도 모르게 두 손을 잡았다. 까치는 날 수 있었다. 우리가 눈을 감을 때마다 까치는 바닥을 차고 올라 하늘을 날 수 있었다.

까치가 날지 못하게 된 이유는 덫에 치여 오른다리가 부러졌기 때문이다. 경운기나 오토바이 심지어는 개나 고양이를 볼 때마다 까치는 기겁을 하고 날아오르기 위해 내달리기 시작했다. 오른발을 못 쓰는 까치는 내달리면서 오른쪽으로 몸이 쏠렸다. 얼마 못가 도랑에 처박고 말았다. 몸을 처박은 까치는 벌떡 일어나 왼발로 뛰기 시작했다. 조금만 더 높이 뛰어오르면 충분히 날 수 있을 것 같았다. 공중을 껑충껑충 뛰어오르듯이 날 수 있을 것 같았다. 까치가 나뭇가지에 앉았다 날아오르는 것을 볼 때마다 까치의 부러진 오른다리가 떠올랐다.

까치는 어른들에게 잡히곤 했다. 어른들은 성한 다리에 끈을 묶어 마당에 매어놓았다. 모이와 물을 주면 까치가 행복해질 거라고 믿었다. 어른들이 일을 나갔을 때 우리들은 까치 발목에 묶인 끈을 끊었다. 그리고 까치를 힘껏 날려 보냈다. 까치는 날아올라 어딘가로 사라졌다. 나뭇가지에 내려앉은 까치는 한쪽 발로 설 수 없었다. 날개를 펼치고 수평을 잡고 있는 까치를 보았다. 자유롭게 하늘을 날 수 있으나 하늘에는 먹을 것이 없었다. 오른다리가 부러지지 않았다면 나무에서 먹잇감을 찾을 수 있을 것이다. 하지만 까치는 땅으로 내려오지 않을 수 없었다. 땅으로 내려온 까치는 스스로 날아오를 수 없었다. 부러진 오른다리가 바닥에 질질 끌리고 있었다.

까치는 부러진 오른다리 때문에 왕따가 되고 말았다. 까치들이 짝을 지어 둥지를 지을 때에도 그 까치는 외톨이였다. 어른들은 더 이상 까치를 잡아 집으로 데려가지 않았다. 까치는 더 이상 동정심을 끌어내는 존재가 되지 못했다. 까치를 위해 길에 모이를 뿌려주는 일도 하지 않았다.

우리들은 부러진 까치발에 나뭇가지를 대고 실로 묶어주었다. 까치를 언덕 위로 데려가 날려주었다. 까치는 안간힘으로 날았다. 결국엔 바닥에 처박히듯 내려앉았다. 까치는 제대로 걸을 수 없었다. 우리는 까치발에 댄 나뭇가지를 풀어주었다.

까치는 자신을 믿지 못했다. 다리가 부러진 것도 날지 못하게 된 것도 믿을 수 없었다. 누군가가 자신에게 다가오면 기겁하고 달아났다. 까치는 앞만 보고 달아나다 처박혔다. 까치는 혼자서 산기슭을 돌아다녔다.

*

우리 동네에서 유일한 기와집에는 혼자 사는 할머니가 있었다. 뚱뚱한 할머니였다. 아이를 낳아보지 못한 할머니였다. 할머니는 고양이와 강아지를 키웠다. 밥을 먹을 때에도 고양이와 강아지와 함께 먹었다. 잠을 잘 때에도 마찬가지였다. 고양이에게 한 숟가락 강아지에게 한 숟가락 그리고 자신의 입에도 한 숟가락 사이좋게 떠 넣었다. 사람들은 할머니가 밥을 먹는 걸 보면 비위脾胃가 상한다고 보지 않으려고 했다. 사람들은 아이를 낳아보지 않았기 때문에 아이에게 줄 사랑을 동물에게 베푼다고 말했다. 할머니는 외출할 때에도 고양이와 강아지를 안고 다녔다.

할머니가 사는 기와집 뒤뜰에는 조와 수수가 떨어지지 않았다. 참새 박새 콩새 비둘기 까치가 날아와 모이를 쪼아 먹고 날아갔다. 절름발이 까치는 새들이 모이를 쪼아 먹고 간 사이에 뒤뜰에 나타나곤 했다. 처음에는 눈치를 봤지만 차츰 낯이 익어 멈칫거리지 않았다. 까치는 기와집 근처에서 떠나지 않았다. 모이를 쪼아

먹고 옹달샘 물을 마셨다. 지저분하던 몸도 깨끗해져 있었다. 까치의 까만 눈에서 별빛이 반짝거렸다. 찰진 윤기가 털을 감쌌다. 까치는 기와집 뒤뜰에 웅덩이를 파고 누워 있었다. 고양이와 강아지도 까치에게 해코지를 하지 않았다. 까치는 안정을 찾아가고 있었다. 한낮에도 뒤뜰 웅덩이에 앉아 눈꺼풀을 내리깔고 졸았다.

서로를 잘 아는 사이에는 말보다 얼굴 표정이나 눈빛으로 더 많은 것을 주고받는다. 무엇을 말하고 있는지, 무엇을 원하고 있는지…… 입으로 말하지 않아도 서로에게 연결된 광케이블로 주고받는다. 할머니와 같이 산 고양이와 강아지도 마찬가지였다. 기와집 뒤뜰에는 할머니와 같이 살았던 고양이 강아지 무덤이 있었다. 할머니는 죽은 고양이와 강아지 제삿날을 기억했다. 촛불을 밝혀주고 고깃국에 만 밥을 무덤 앞에 갖다놓았다. 할머니 눈에는 눈물이 그렁그렁했다. 할머니의 낡은 앨범에는 할머니와 같이 산 고양이와 강아지 사진이 꽂혀 있었다.

할머니와 절름발이 까치 사이는 점점 좁혀졌다. 까치는 할머니를 피해 달아나지 않았다. 그렇다고 까치가 야생을 포기한 것은 아니었다. 까치에게는 할머니와 같이 사는 고양이 강아지를 제외하고는 모두 다 위험한 존재였다. 할머니가 우물에 앉아 까치에게 목욕을 시켰다. 가뭄이 길어 야생 동물 조류들은 한결같이 털이 지저분했다.

까치는 할머니가 나타나면 반갑다는 건지 날고 싶다는 건지 날개로 바닥을 쳐댔다. 할머니는 다 알고 있다는 듯이 까치에게 다가가 날개를 어루만져 주었다. 할머니를 바라보는 까치의 눈에서 까마득한 우물 끝이 보였다.

어느 날 외출한 할머니의 가슴에는 신발주머니처럼 만든 까치집이 매달려 있었다. 까치는 까만 눈을 빛내면서 할머니 품에 매달려 있었다. 서로에게 심장 뛰는 뭉클한 순간을 선물해주고 있었다.

붉은 열매를 가진 적이 있다

당신을 처음 보았던 그 성城에 가지 못하고 서울로 올라왔습니다. 당신은 거기, 그곳에 어울리는 사람이라는 걸 새삼 알고 돌아왔습니다. 그 성에서, 그 봄의 성에서, 당신은 김지하 시집 『애린』을 들고 있었지요.

나는 봄 잔디밭에 앉아 한 나이 많은 선배와 막걸리를 마시고 있었습니다. 내가 당신이 타고 왔던 그 푸른 자전거를 세웠을 때, 당신은 눈을 동그랗게 뜨고 나를 보았지요. 후에야 알았지만, 나의 늙고 병든 모습에서, 당신은 기관원을 떠올렸던 것이지요.

당신이 없는 사이, 나는 다시 새로운 시집의 자서를 적었으며 뒤표지 글을 썼습니다. 당신이 없는 사이에 나는 수십 편이나 되는 신작시를 썼습니다.

그 섬을 기억하시겠지요. 지일이라는 섬 아닌 '섬' 말입니다. 당신은 그때, 일주일에 두 번, 그 섬에 자전거를 타고 올라 왔지요. 얼마 전에 그 섬에 갔다 왔지요. 왜 그 섬에 가보지 않으면 안 되었는지, 어떻게 설명할 수 있을까요. 그 일이 가능한 일이기나 한 걸까요. 설사 설명이 된다고 해도 무엇이 달라질까요.

그곳의 연못은 짙은 고동색이었지요. 기억하고 있을 줄 압니다. 그 연못의 가뭄은 처절했습니다. 그 연못의 유일한 표정이었던 연꽃을, 다시는 그 연못에서 볼 수 없을 것 같았습니다. 나는 거기서, 당신과 같이, 어떤 처절한 느낌의 내부를 바라보고 있었습니다.

연못은 포클레인의 손에 의해 파헤쳐져 있었고, 파헤쳐진 호수의 바닥은 검었습니다. 그 처참한 모습을 지켜보면서, 나는 짐작하기조차 힘에 겨운 당신의 내부를 생각했습니다. 그 컴컴함은 예전의 모습으로 연못을 바꾸어놓지 못했지만, 내 마음은 예전의 연못, 그 속에서 숨을 쉬던 수만 마리의 물고기와 오리들을 떠올리게 했습니다.

내가 지금 끔찍한 것은
그에게 떠넘긴 상처 때문이다.
저 연못의 유일한 표정은 연꽃이었다.
수면 위로 끊임없이 떠올라 터지던
작은 물방울들, 간 곳 없다.

이 연못을 걸어가면 포도 농장이 나온다.

그리고 회관과 외딴 집들, 나는 회관까지 걸어갔다.

저녁이 오고 있다.
거친 바람이 포플러가지를 흔들고
마지막 햇빛이 포플러가지를
바닥으로 끌어내려 앙상한 가지를 드리우고 있다.

파헤쳐진 연못이 보인다.
애를 긁어낸 여자의 자궁과도 같을
얼어붙은 연못의 처절한 바닥,
허연 얼음 위에
긁힌 살처럼 진흙더미들이 올라와 있다.

손과 발에 마른 진흙을 붙인 채
포클레인이 한 대,
수영금지 푯말 위에
멈춰 서 있다.

— 시, 「처절한 연못」 전문

내가 당신의 연못을 파헤친 포클레인이라는 생각이 들었습니다. 그 섬의 앵두나무에 주렁주렁 달린 열매들, 붉은빛인 그 열매들을 보면서, 그 예전의 연못은 저 열매들을 어떻게 담고 있었을까? 나는 그런 생각을 했습니다.

당신은 떠났습니다. 내게서 뿐만 아니라 서울에서도 떠났습니다. 그러나 언젠가 다시 돌아오곤 했지요. 그걸 믿지 않고는 살 수 없을 것 같은 끝없는 느낌, 그 느낌으로 연못, 처절한 연못을 회상해보았습니다.

십 일 후면 여행을 떠납니다.

몇 년 동안 어디 한번 마음 놓고 떠나지 못했지요. 오랫동안 감옥에 갇혀 있는 죄수가 출감 날짜를 세고 있는 느낌입니다.

당신이 떠난 직후였지요. 깨진 병조각을 봉지에 주어 담다 손을 벤 적이 있었지요. 그 순간, 그 짧은 순간, 손가락이 갈라지는 찰나에 당신이 떠올랐습니다.

언제부터인가 그렇게 되었지요. 나서부터 쭉 어머니가 떠올라 주었는데 말입니다.

붉은 담요에 대한 기억

*

담 없는 마당에 밤새 눈이 내렸습니다. 새 발자국 몇 개 찍혀 있습니다. 바람이 얼어버리려는 눈을 불러, 어디론가 급히 데려가는 게 보입니다. 견딜 수 있느냐고, 추위가 틈을 찾아 몰려오고 있습니다. 마루 밑의 강아지는 맨땅에 귀를 대고 물 흐르는 소리를 듣고 있습니다. 바람이 강아지의 억센 털을 일으켜 세웁니다. 강아지는 추위를 견디기 위해 아득한 깊이의 물소리에 정신을 팔고 있습니다. 질끈 감은 눈 밖으로 물방울이 맺힙니다.

창문에 쳐놓은 비닐이 부풀어 오르고, 나는 지금 짧고 오래된 붉은 담요를 덮고, 담배 한 대 피우려 합니다. 몸을 반듯하게 펴면 발끝이 밖으로 나가기 때문에 대하大蝦처럼 몸을 구부려야 합니다. 꺼칠한 털이 서로 엉겨 붙어 있는 오래된 담요입니다. 나는 이 담요를 십 년 넘게 갖고 다녔습니다. 고등학교에 들어가서 하숙을 하게 되었는데, 그때 어머니께서 사주신 겁니다. 세탁한 적은 없지만, 이 담요엔 다른 냄새가 묻어 있지 않습니다. 아직도 붉은색 그대로입니다.

이 붉은 담요는 한 번도 아랫목을 떠나 각지게 개진 적이 없지요. 펴진 채로였거나 둘둘 말린 채로, 내가 밖에서 돌아오기만을 기다렸던 겁니다.

이 담요에는, 세상에는 없는 아주 큰 장미꽃 한 송이와 아주 작은 사슴 그림이 있었는데, 지금은 흔적도 찾을 수 없이 지워져버렸지요. 그러나 나는 처음의 무늬를 그대로 다 기억할 수 있습니다. 아직도 그 장미꽃과 사슴 한 마리가 있는 붉은 담요를 덮고 있습니다.

나는 커오면서 담요 속에서 더 많은 무늬를 그렸고, 지워야 했습니다. 처음엔 푸르고 넓은 오동잎을 그렸고, 다음엔 첫 눈이 와도 시들지 않는 소국小菊 몇 송이를 그려 넣었습니다.

겨울밤 창문을 두드리는 건 바람이었습니다. 떨어져 오그라든 잎들이 몰려다니는 소리와 전깃줄에서 바람이 부는 휘파람소리, 골목 끝으로 터벅터벅 걸어가는 발소리, 나는 가끔 못 미더워 창문을 열어보았습니다. 창밖은 온통 어둠이었습니다.

언제나 성에 무늬 유리창 너머엔 새파랗게 질린 측백나무가 줄지어 서 있었습니다. 눈 맞은 측백나무는 왠지, 입술에 푸른 멍을 물고 있는 사람의 느낌을 주곤 했습니다. 측백나무를 보면, 수많은 흘러간 날들이 떠올랐고, 오랫동안 함께 살아온 사람들이 남기고 간 냄새가 맡아지곤 했습니다. 그때마다 마음속에 옹이처럼 남아 있는 상처를 훔쳐보는 듯, 얼굴이 화끈 달아오르곤 했습니다. 겨울이 가고 봄이 오면, 이 붉은 담요를 밖으로 들고 나가 먼지를 털어야겠습니다. 그리고 빨랫줄에 하루나 이틀 내다 널어야겠습니다. 얼마나 많은 먼지들이 털려나갈지.

그러나 언젠가는, 이 붉고 낡은 담요를 버려야 될 때가 올 줄 압니다. 그러나 아주 잊을 수는 없겠지요. 어디로 갔는지는 모르겠지만, 이렇게 가끔 편지를 써야 할 겁니다.

이젠 기적 소리를 울리며 어디론가 떠나가던 밤기차 소리도 답답함을 주지 않네요. 돌아누울 때마다 낭떠러지가 나오던 밤들이 나를 놓아주려나 봅니다. 언 손에 입김을 불며 꼬불꼬불 편지를 쓰게 만들던 혹독한 밤들이, 이젠 나를 찾아오지 않으려나 봅니다.

나는 느끼고 있습니다. 이젠 내가 당신을 떠날 차례라는 것을, 오랜 세월이 흐른 뒤에도 당신을 잊지 못해 애태울 밤들이 아직 남아 있다는 것을.

비 오는 밤에
기적 소리를 듣는 병실들
형광등 불빛들, 넓은
창문 속에

목련꽃이 활짝 피어난다

목련이 피어 있다는 것만으로
그걸 한번 쳐다보는 것만으로
나는 얼마나 많은 신음소릴 간직하고
있는 것인가

외면하려 해도 한 번은
슬쩍 쳐다보게 되는 곳
하지만 이제는, 창백한
저 꽃과 향기는 지나간 것이다

비 오는 밤에
기적 소리는 뿌리치며 지나간다
그리고 형광등 불빛들
무엇인가 담고자 노력하는 유리 창문들

신음 소리만큼 긴 기도문을
들어본 적은 아직 없다

— 시, 「그 병원 앞」 전문

*

나는 광천廣川에서 내렸다. 벌건 대낮에 보따리를 들고 집에 갈 염치가 없었다. 젓갈 냄새를 풍기는 시장 골목을 헤매다 터미널 뒤편의 선술집에 가서 앉았다. 옛날 어떤 시절엔 색시 집에 있었을 법한 아주머니들이 술장사를 하고 있었다. 결성, 서부 방면 버스 시간에 터미널에 나가보았다. 동창들은 보이지 않았다. 평일의 대낮에 집에 가는 동창이 있을 리 없었다. 나처럼 잘못된 사람이라면 몰라도. 나는 색시 집 출신이 운영하는 네 군데의 술집을 옮겨 다니며 소주와 막걸리를 마셨다. 빈속으로 들어간 술은 속에 불을 질렀다. 더는 탈 것도 없으련만 속의 화기火氣로 인해 얼굴이 벌겋게 달아올랐다.

버스를 타고 와서 동네에 내렸다. 어둑해진 논둑길을 걸어 집에 도착했다. 어두운 집 안엔 아무도 없었다. 나는 아랫사랑 방에 가서 드러누웠다. 잠든 나를 발견한 건 바로 아래 여동생이었다. 동생은 갈아입을 옷을 가지러 아랫사랑 방에 왔다. 방안에 가득한 술 냄새를 맡고 내가 온 줄 알았다고 했다.

"오빤, 웬 술을 그렇게 마시고 다녀."

나는 동생에게 이끌려 밖으로 나왔다. 세수를 하고 양치질을 하고 밥 먹으러 가자고 했다. 밥상에 앉아 숟가락을 들었다. 한 숟가락 쑤셔 넣자 배가 아프기 시작했다. 나는 다시 아랫사랑 방으로 가서 쥐며느리처럼 몸을 말았다. 숨을 쉴 수도 없었다. 한 숟가락

떠먹은 밥이 독약으로 느껴졌다. 나는 독약을 먹은 것이다. 밥이라는 독약 말이다. 이젠 끝났다는 생각이 들었다. 이렇게 해서 일생을 마감하게 되는구나! 이럴 수도 있구나! 무슨 말을 할 수도 없었다. 숨을 제대로 쉴 수도 없었다. 신음소리를 낼 수도 없었다. 어떻게 눈치 챘는지 동생이 아랫사랑 방으로 내려왔다.

"오빠, 왜 그래. 왜 그러냐고!"

동생이 쥐며느리를 마구 흔들었다. 나는 볼펜을 가져오라고 책상을 가리켰다. 종이에 독약을 먹은 것 같다고 간신히 썼다. 배가 아파 숨도 못 쉬겠다고 썼다. 동생은 안주를 잘못 먹은 것 아니냐, 따면 괜찮을 거라고 바늘과 실을 가지러 안방으로 달려갔다. 어머니가 달려오셨다. 손가락을 땄지만 통증은 수그러들지 않았다. 병원에 가자고 종이에 썼다. 아버지가 뛰어나오셨다. 동네에 차가 있는 집은 한 집뿐이었다. 동생은 꿀물을 타왔고 어머니는 등을 두드려주었다. 그러나 통증은 멎지 않았다. 진정될 기미를 보이지 않았다.

1톤 트럭이 도착했다. 어머니는 팔을 잡고 정신을 차리라는 말만 거듭했다. 짐칸엔 아버지와 여동생, 동네 아저씨들이 타고 있었다. 면소재지의 보건소에 가서 진찰을 받은 결과, 급성맹장염이란 판정이 내려졌다. 오늘은 늦었으니, 내일 아침 일찍 가서 수술받으면 된다고 했다. 나는 맹장염이 아니라고 했고, 아버지와 어머니는 맹장염일 뿐이라고 했다. 여동생은 끝까지 내편이 되어 주었다. 읍내 도립병원에 가서 검사를 받아보자고 부모님을 설득해

주었다. 뱃속에 몇 톤짜리 바윗덩어리가 들어앉아 있는 느낌이었다. 읍내 도립병원에 가서 내시경 검사를 받았다. 의사는 군의관 출신답게 동작이 민첩했다. 어서 수술 준비하고 김 선생에게 전화하라고 했다. 한 시간만 늦었더라면 죽었을 거라고 했다. 위장이 터져 위액이 뱃속으로 흘러들고 있다고 했다. 나는 부축을 받으며 화장실로 들어갔다. 배를 움켜잡고 부축해온 아저씨에게 담배를 한 대 피우게 해달라고 사정했다. 아저씨는 절대로 그렇게 할 수 없다고 했다. 딱 한 모금만이라도 피우게 해달라고 했는데 아저씨는 헛소리 그만 하라고 했다. 어서 가서 침대에 누우라고 했다. 이제 어떻게 되는 건가. 침대에 실려 수술실이 있는 2층으로 밀어 올려졌다. 마취주사가 놓아지고, 하나 둘 셋 넷 다섯…… 불빛들이 흐려지기 시작했다.

어디까지 센 것일까? 깨어났을 땐 믿을 수 없는 일이 벌어져 있었다. 붕대가 감겨 있었고, 코와 입, 양 옆구리에 호스가 박혀 있었다. 숨 쉴 때마다 호스를 타고 퍼런 물이 흘러나왔다. 나는 썩은 물이 잔뜩 고여 있는 연못이었다. 날숨이 그걸 조금씩 퍼내고 있었다. 이렇게까지 되다니! 나는 믿을 수 없었다. 이런 꼴을 해가지고 살아가야 할 날들이 없어졌으면 싶었다. 이슬방울이 톡톡 떨어져 팔뚝을 타고 들어오고 있었다.

옆 침대엔 농약을 마시고 실려 온 아주머니가 누워 있었다. 사지를 침대에 묶인 채 악을 써댔다. 며칠이나 잠을 못 잤는지, 계속해서 소리를 질러댔다. 물을 달라고 소리를 질렀다. 나도 마찬가지였다. 물을 달라고 짐승처럼 울부짖었다. 간호사는 가제손수건에 물을 묻혀 와서는 입술을 축여주고 돌아갔다. 누가 병실의 세면대에서 물을 받거나 손을 씻을 때 나는 물소리. 금방 물을 먹을 수 있다면 훌훌 털고 일어나 밖으로 나가 걸을 수 있을 것만 같았다. 앞으로는 물만 먹고도 살아낼 수 있을 것만 같았다.

옆으로 몸을 돌릴 수 있게 되었을 때, 부정기 간행물 『실천문학』을 읽었다. 여동생을 시켜 읍내의 서점을 다 뒤져 구해온 『실천문학』 1, 2, 3, 4권. 그 붉은색 표지를 들춰 읽었다.

창밖엔 목련이 활짝 벌어져 있었다. 비 오는 밤에 듣는 기적 소리는 서글픔을 한 아름 안겨주었다. 너, 앞으로도 그렇게 술 먹을래. 친척들이 찾아왔고 친구들이 찾아왔다. 있다가, 술 한 잔 할 건데, 너도 와라. 나는 내가 수술 받는 광경을 지켜보다 꿈에서 깨어났다. 밖에서 수술 과정을 지켜본 아저씨의 말을 들었기 때문일 것이다. 꼭 개를 한 마리 잡아서 내장을 꺼내놓은 것 같더라고. 또다시 술을 입에 댔다가는 너는 죽는다! 모두들 으름장을 놓았다.

달의 걸음걸이

상엿집, 녹슨 함석지붕
햇볕은 그곳을 일찍 떠난다
리기다소나무들, 훌쩍 자라 있다
아는 사람들 해마다 줄어든다
아는 사람 없는 세상을 살지도 모른다

그는 어디 갔나?
툇마루에 앉아 보면,
그는 항상 집에 가는 길이었다
그리고 어둠이 내렸다, 그는 길가
도랑에 처박힌 것일까

앞으로 반 발자국, 뒤로
좌로, 우로, 반 발자국

코스모스 꽃잎을 훑어놓으며
거리낌 없이
자동차들이 지나다니고 있다

— 시, 「황혼의 아스팔트」 전문

그는 간신히 술잔을 들어올릴 수 있는 사람이었다. 아침나절에 슈퍼에 내려가서는 소주 한 병을 찔끔찔끔 마시고, 하루 종일 비틀거리면서 집으로 걸어가는 사람이었다. 불콰해진 얼굴로 혼잣말을 중얼거리는 그의 입가에는 자잘한 거품이 바글거렸다.

나는 한참을, 그의 옹알거림을 듣고서야 알 수 있었다. 누군가에게 하는 말이 아님을. 그는 끊임없이 자신에게 옹알거렸다. '나는 지금 어디로 가고 있는 거야? 나는 어디로 가려고 하는 거야? 나는 어디로 가야 하는 거야?' 그는 몇 시간째 제자리를 맴돌았다. 앞으로 반 발자국, 옆으로 반 발자국, 뒤로 반 발자국…… 그는 결국 한 발자국 안에서 맴돌고 있었다. 후들거리는 다리. 끄덕거리는 고개. 헐렁하게 움켜쥔 손아귀. 그는 코스모스가 하늘거리는 길 위에서 옹알거렸다. 바지를 내리지 않고 오줌을 싸고 똥을 싼 그의 주변에는 사람이 붙지 않았다. 달화 아저씨를 볼 때마다, 술집 아줌마가 감나무 아래 풀덤불에 떨어져 곰팡이 핀 땡감을 턱으로 가리키며 하던 말이 떠올랐다.

"저이는 곪았어, 속이 싹 곪았다고."

그 말은 내가 들은 말 중에 가장 슬픈 말이었다.

어른들이 술에 취해 집으로 돌아가면서 달밤에 부르던 노래가 떠올랐다. '달아 달아 둥근 달아 쟁반 같이 둥근 달아. 이태백이 놀던 달아.' 내가 들은 노래 중에 가장 슬픈 노래였다. 사람들은 달화 아저씨를 '달아'라고 불렀다. 달화 아저씨를 부른 다음 노래를 불렀다. '달아 달아 둥근 달아 술쟁반 같이 찌그러진 달아~ 달아 달아 둥근 달아 주태백이 놀던 달아~' 달화 아저씨의 얼굴에는 긁힌 자국이 떠나지 않았다. 대부분 집으로 돌아가는 길에 고꾸라져 얻은 상처였다. 달화 아저씨 부인은 키가 아주 작았다. 가끔은 달화 아저씨를 등에 업어 집으로 데려갔다. 그럴 때마다 달화 아저씨 발이 길바닥에 질질 끌려갔다. 길에 쓰러져 있는 달화 아저씨를 업고 집으로 한 번에 걸어가는 억척스러운 여자였다. '달아 달아 둥근 달아 술쟁반 같이 찌그러진 달아~ 달아 달아 둥근 달아 주태백이 놀던 달아~' 동네아이들도 부인 등에 업혀 가는 달화 아저씨 뒤를 멀찌감치 따라 가면서 노래를 불렀다.

키다리

우리 동네에는 키다리 아저씨가 한 분 계셨다. 그의 키가 돋보인 데는 지붕들이 낮은 것도 한몫 거들었다. 아저씨의 키는 지붕 위로 걸쳐진 사다리보다도 길었다. 물론 아저씨의 키가 2미터가 넘었다거나 하지는 않았을 것이다. 하지만 그때까지 내가 본 사람 중에서 그보다 키가 큰 사람은 없었다. 그의 키는 웬만한 사람의 두 배는 될 듯 싶었다. 아저씨의 키는 깡마른 체구 때문에 과장되게 보이지 않았나 싶다. 하여튼 아저씨의 키는 최고였다. 손을 뻗으면 닿지 않는 곳이 없을 정도였다. 아저씨 집엔 감나무가지를 꺾는 바지랑대가 없다는 말을 들은 적도 있었다. 감나무가지에 손을 뻗으면 못 딸 감이 없다는 것이었다. 그렇지만 아저씨 집 또한 지붕과 천장이 낮았다.

그는 특이한 기억력을 가지고 있었다. 그 기억력은 타고난 것인지 후천적인 것인지는 알 수가 없었다. 그의 이름 또한 기억에 남아 있지 않다. 그의 이름을 부르는 사람이 없었기 때문이다. 어른이나 애들이나 할 것 없이, '키다리' 또는 '키다리 아저씨'라고만 불렀다. 그는 자신의 별명을 함부로 부르는 사람들에게 관대한 편이었다. 그래서 사람들은 아무 거리낌 없이 그의 별명을 마음대로 불렀다. 하물며 아이들이, "키달아, 키달아, 어디 가니?"라고 해도 그는 못 들은 척 지나가곤 했다. 그는 길을 걸을 때 땅을 보는 습관이 몸에 배어 있었다. 그는 허리까지 오는 참나무 지팡이를 짚고 다녔다. 지팡이의 손잡이 부분은 닳고 닳아 오랜 세월 사포로 문지르고 기름을 먹인 것처럼 보였다.

그의 기억력은 날마다 동네 사람들을 감탄시킬 만큼 놀라웠다. 특히 오늘이 동네 누구의 생일이라든가 어제가 누구네 제사였다든가를 빠짐없이 기억했다. 그의 그리 크지도 않은 머리는 수십 권의 공책으로도 다 기록하지 못할 잡다한 사건까지 기억했다. 그래서 그의 별명은 '치부책'이기도 했다. 누가 누구에게 언제 얼마만큼의 돈을 꿔 갔다든지 이자는 얼마를 주기로 했다든지 하는 것까지 총망라해서 기억하고 있었다. 그렇다고 해서 그가 그런 걸 일일이 말하고 다닌 것은 아니었다. 그의 머리는 기억의 거대한 창고였지만 입이 싸서 아무 데서나 나불거리고 다니지는 않았다. 말하는 즉시 기억하고 있던 것을 잊어버릴지도 모른다는 듯이 그는 과묵했다.

간혹 동네 사람들 사이에 시비가 붙는 일이 있었다. 그때마다 사람들은 그를 찾아가서 판결을 받았다. 그는 기억력뿐만 아니라 잘잘못을 가려줄 수 있는 판단력과 조리 있는 언변言辯을 갖추고 있었다. 그의 판결에 따라 사람들 사이의 시비는 마감되었다.

그는 아침이면 동네를 한 바퀴 도는 것으로 하루를 시작했다. 더러는 아침나절에 집에서 나와 저녁때나 돼서 돌아가는 날도 있었다. 생일 집, 제사 지낸 집, 혼인집 등을 돌다 보면 그리 되는 날도 있었다.

그의 기억력에 감탄을 금치 못한 이유 하나는, 그 많은 자질구레한 일을 양력과 음력으로 따로따로 기억한다는 것이었다. 평범한 사람 같으면 부모형제의 생일이나 제사, 무슨 기념일 따위도 일일이 달력에 체크해 놔야 잊지 않을 텐데 말이다. 어찌하다 보면 자신이 태어난 날도 잊고 넘어가기 일쑤인데 말이다. 그의 기억력의 범위는 우리 동네를 벗어나 옆 동네 심지어는 면내面內를 총망라했다. 우리 동네나 옆 동네에 아침 먹을 만한 집이 없는 날이면, 그는 걸어서 먼 곳까지 원정을 떠나곤 했다.

그는 하체가 상체보다 훨씬 길어서 보폭 또한 보통 사람의 배는 될 듯 싶었다. 그러나 그는 하나도 바쁠 것이 없었다. 그가 찾아가는 곳은 집에서 가장 가까운 생일 집, 제사 지낸 집, 혼인집이었다. 그는 기억의 범위를 넓히기 위해서만 사는 사람이었다. 논이나 밭에서 일하는 사람이 있으면 둑에 쭈그리고 앉아 담배를 피워 물고 이것저것 묻기도 하고 궁금해 하는 사람의 안부를 전해 주기도 했다. 아무튼 그는 우리 동네를 대표하는 이장은 아니었지만, 우리 동네를 널리 알리고 홍보하는 민간외교사절 같은 존재였다.

피아노

감자밭머리에 앉아 오래도록 기다렸네
그 아이 보이지 않고
이십 년 가뭄도 퍼낼 수 없던
보창*에 끈 풀린 별 하나 떨어져
풍금소리 물소리에 막혔었네

그 아이 돌아오지 않고 기다렸네
개구리 울음 저벅저벅 울고
독새풀 헤치고 가는 초승달을 보았네

---

* 깊은 물웅덩이

그 아이 무덤 위에

억센 조선잔디 보름처럼 입히고 싶었네

그 자리 억새 사이 빛 고운

잔디씨, 누런 봉투 가득 훑어

나만 홀로 학교에 갔었네

— 시, 「잔디씨」 전문

*

초등학교 3학년 봄이었다. 우리 집 아래채에 선생님 내외분과 다섯 살배기 여자아이가 이사 왔다. 아래채 부엌은 연탄아궁이로 개조되었고 창문에는 커튼이 쳐졌다. 그뿐만이 아니었다. 어수선하던 집 안은 깨끗하게 치워졌고 큰 소리가 사라졌다. 나는 그런 청결함과 속삭이는 듯한 말소리에 익숙하지 않았다.

나는 도회지로 이사한 것 같은 착각에 빠졌다. 대문에 들어설 때에도 소리를 죽였다. 사나운 개가 있기라도 한 듯, 발소리가 날까 뒤꿈치를 사용하지 못했다. 책보를 내팽개치던 버릇도 고쳐졌다. 앉은뱅이책상에 책보를 올려놓았다. 나는 밤마다 아래채에 불려가 책을 읽고 줄거리를 더듬더듬 말했다. 낮 동안 산을 휘젓고 다녀 졸음이 쏟아졌다. 나는 허벅지를 꼬집으며 외국 동화책들을 읽었다. 말을 더듬지 않으려고 몇 번이고 첫 말을 되풀이해서 속으로 되뇌었지만 번번이 말이 터져 나오지 않았다. 얼굴이 시뻘겋게 달아올랐고 숨이 막혔고, 심장이 어디 붙어 있는지 몰랐지만 터질 것 같았다. 그때마다 선생님은 머리를 쓰다듬어주셨다.

"말은 별로 중요하지 않은 거란다. 네가 생각하고 있는 것이 더 중요한 것이지. 말하기 어려우면 글로 써보자. 앞으로는 공책과 연필을 가져오너라."

나는 반은 벙어리나 마찬가지였다. 사람들은 나를 '반벙어리'라고 생각하고 있었다. 말더듬이라는 말이 나오면, 나는 싸울 수밖에 없었다. 마음이 격해져서 욕을 하거나 마음을 가라앉히고 노래를 부를 때는 실타래가 풀리듯이 거침없이 말이 나왔다. 하지만 평상시엔 말이 막혔다. 아니 숨이 막혔다. 나는 질식할 것 같았다. 나는 중학교에 다닐 때까지 책도 제대로 못 읽는 문맹이었다. 나는 나머지 공부가 있는 날에는 선생님 입에서, 이제 가라는 말이 나올 때까지 교실에 앉아 있었다.

*

비 맞은 감나무 아래엔 빗방울 튄 감꽃이 떨어져 있었다. 풀줄기에 그것들을 하나씩 꿰었다. 누구를 생각해서도 아니었다. 그냥 할 일이 그것밖에 없었기 때문이었다. 풀줄기 몇 개를 묶어 줄넘기를 만들었다. 굳이 이름 붙인다면 감꽃 줄넘기. 하지만 그걸로 줄넘기를 할 수는 없었다. 그렇게 하면 단번에 감꽃들이 흩어지고 말 것이다. 나는 감꽃이 흩어질 것을 알고 있었다. 그걸 알면서 그렇게 하는 사람은 흔치 않을 것이다. 그 아이가 내 곁으로 다가왔다.

"너, 이게 뭔지 알어?"

아이는 생각하지도 않고 고개를 설레설레 저었다.

"그게 뭐야? 그걸 왜 만들었어?"

"너, 이런 줄넘기 갖고 싶지 않아?"

아이는 다시 고개를 설레설레 저었다.

"아니, 갖고 싶지 않아."

그 감나무는 우리 집이 이사 오기 전에 살았던 할아버지가 심은 것이다. 그 할아버지는 사십을 갓 넘기고 죽었다. 나는 죽은 사람은 모두 하늘나라에 간다는 말이 무엇보다 싫었다. 그건 지금도 마찬가지이다. 하늘에 계신 우리 부모님이 이 일을 보셨다면 얼마나 기뻐하실까? 나는 비뚤어진 아이여서 그랬을지도 모른다. 비비 꼬여 있는 나무를 보면 만져주고 싶었고 잘라버리고 싶었다.

*

홍수가 지나간 여름 한낮이었다. 냇물은 처음부터 그랬던 것처럼 맑아졌고 햇살은 살을 익히기에 충분했다. 나는 그 아이를 데리고 냇가로 갔다. 몇 년을 더 살았다고, 풀을 일일이 가리키며 이름을 아느냐고 물었고, 너는 다음에 무엇이 되고 싶으냐 묻기도 했다. 그 아이는 넘어지지 않고 따라오는 것만으로도 대단한 일을 하고 있는 건데, 나는 그렇게 풀이름을 모를 수 있냐 구박을 했다.

"나는 이 다음에 피아노가 될 거야."

나는 걸음을 멈췄다.

"넌, 죽었다 깨어나도 피아노는 될 수가 없어. 네가 무슨 나무냐, 피아노가 되게."

학교에 피아노가 딱 한 대 있긴 했다. 하지만 피아노는 아무 때나 치는 게 아니었다. 칸막이로 된 교실이 세 칸 있었다. 그 교실의 칸막이들을 떼어내고 책상과 의자와 교단과 교탁을 복도로 옮겨야 피아노를 칠 수 있었다. 졸업식이 있는 날에나 피아노 소리를 들을 수 있었다.

"그럼 넌 풍금이 돼라. 음악시간이면 언제나 칠 수 있는 풍금. 냇물에 돌 처박을 때 나는 풍금 소리……."

아이는 잔뜩 삐쳐 있었다. 그만 가자고 손을 잡아끌었지만 버티고 서서 울먹였다.

"빨리 가자. 가서 발 담그고 있으면 속까지 시원해질 거야."

하지만 그 아이는 심기가 뒤틀려 있었다. 꽈배기처럼 꼬인 심기를 풀기 위한 묘약은 없어 보였다.

"나 집에 갈 거야. 집에 가서 엄마한테 이를 거야."

아이는 울면서, 눈에 고인 눈물을 눈가에 비비면서 집을 향해 걸어가기 시작했다.

"야, 집엔 아무도 없어. 너희 엄만 장에 갔단 말이야."

그래도 아이는 걷기를 멈추지 않았고 울음을 그치지 않았다.

"그럼 잘 가! 집에 가면 귀신이 기다리고 있을 거다. 귀신한테 잡아먹힐래?"

나는 아이에게로 달려 가서 아이를 업었다. 그래도 아이는 한참 동안 서러움이 멎지 않았다. 가라앉지 않았다. 숨이 턱에 걸려 있었다.

냇물은 골짜기에서 내려오는 거였다. 폭이래야 이 미터가 넘지 않았다. 위로부터 떠내려 온 돌들이 냇가에 쌓여 있었다. 물은 깊지 않았지만 맑았고 냉기가 느껴질 정도로 차가웠다.

나는 신발을 벗어 불에 구운 것 같은 돌무더기 위에 올려놓았다. 그 신발은 떨어질 때까지 신어야 하는 것이었다. 어서 커서 발에 안 맞았으면 좋으련만! 바닥을 질질 끌고 다녀도 바위에 문질러대도 신발은 구멍이 나지 않았다. 그 신을 잃어버리기라도 하는 날엔 맨발 신세가 돼야 하기 때문에 신발을 물에 띄우는 장난은 할 수 없었다.

언젠가는 내를 건너다 신발이 벗겨져서 물살에 떠내려간 일이 있었다. 홍수가 진 다음날이었다. 물의 속력을 내 달리기 실력으로 따라가는 것은 분명히 무리였다. 그러나 포기하고 앉아 펑펑 울고만 있을 수는 없었다. 신발을 잃어버렸다고 쏟아질 비난을 감당해낼 자신이 내게는 없었다. 최소한 며칠은 맨발로 다녀야 할 판이었다. 나는 냇물을 쫓아가면 지고 만다는 것을 누구보다도 잘 알고 있었다. 나는 지름길을 알고 있었다. 모기장을 찢어서 만든

매미채를 들고, 그 길목을 향해 뛰었다.

아이는 사금파리들을 주어다가 소꿉놀이를 하고 있었다. 나는 물속에 발을 담그고 빨간 돌을 주웠다. 물가에서 환타 병을 주웠다. 돌 위에 올려놓았던 신발을 가져왔다. 거기에 맑은 물을 담았다. 울퉁불퉁한 돌을 주어다 신발 속에서 빨간 돌을 갈았다. 얼마 지나지 않아 신발 속의 물은 환타 빛이 되었다. 나는 그 물을 환타 병에 채웠다. 환타 병을 물가에 세워놓고 돌을 던지다 돌아왔다. 환타는 맹물이 되어 있었다. 나는 환타 병을 집어 들었다.

"야, 그만 집에 가자."

아이는 조금만 더 놀다 가자고 우겼다. 그러나 나는 빨리 집에 가서 해야 할 일이 있었다.

나는 부엌에 가서 사카린 봉지를 들고 나왔다. 그걸 환타 병에 넣고 흔들었다. 그러자 침전됐던 돌가루가 물에 섞여 환타 색깔이 돌아왔다. 나는 부엌에 들어가 대접을 들고 나왔다. 아이는 옆에 앉아서 내가 하는 행동을 지켜보았다.

"오빠, 지금 뭐 하는 거야?"

"응, 환타 만드는 거야. 너 먼저 먹어볼래?"

아이는 미심쩍은지 먹으려 하지 않았다. 계속 내가 하는 행동을 지켜볼 뿐이었다.

"자, 오빠가 먼저 마셔볼게."

소풍 갔을 때 먹어본 그 맛은 아니었지만 비슷한 맛이 났다.

"맛있다. 너도 한잔 마셔라. 자, 한 번에 쭉 마셔라."

아이는 달콤한 물을 한 잔 마셨다. 색깔이 그럴듯하지 않았다면 마시지 않았을지도 모른다. 나머지 환타는 내 몫이었다. 그냥 병째로 입을 대고 마셨다. 혓바닥에 돌가루가 붙어 까슬까슬했지만, 사카린의 단맛은 언제나처럼 이상 세계에 한껏 도취시켜 주었다. 아이의 배에 탈이 난 것은 한 시간이 지나지 않아서였다. 아이는 엄마, 아빠를 부르며 울기 시작했다. 그때에 맞춰 내 배도 아프기 시작했다. 나는 부엌에 가서 치약을 가져왔다. 나는 가끔씩, 아무도 없을 때 치약을 조금씩 짜 먹었다. 그때마다 뱃속이 시원해지는 걸 느꼈다.

"아아, 입 벌려봐. 이 약을 먹으면 뱃속이 시원해질 거야. 금방 가라앉을 거야."

내 배도, 그 아이의 배도, 그날은 좀처럼 시원해지지 않았다. 뱃속은 돌덩이가 들어앉은 것처럼 숨 쉴 때마다 결려왔다.

*

나는 눈을 감고 이불 속에서 꼼지락거렸다. 어머니가 깨우러 올 때까지 이불 속의 온기를 음미했다. 부엌에선 삭정이 부러뜨리는 소리가 딱, 딱, 딱, 들려왔다. 어머니는 가마솥에 물을 끓이고 있었다. 밤새 미지근하게 식었던 방바닥이 달아올랐다. 나는 이불 속에서 하품을 했다. 물이 끓고 나면 어머니는 틀림없이 나를 깨우러 오실 것이다. 어머니는 이불을 전부 개서 장롱 안에 넣으실 것이다. 바깥마당에서 비질하는 소리가 들려왔다. 나는 지그시 눈을 감았다. 그렇게 비질을 하는 소리를 듣고 있었다. 얼마나 그렇게 누워 있었을까? 방문이 덜컹 열리고, 어머니가 들어오셨다. 나는 이불이 벗겨져나갈 것에 대비해서, 두 손에 힘을 주어 이불 홑청을 쥐고 있었다.

"얘야, 어서 일어나거나. 밤새 눈이 산더미처럼 내렸단다."

웬일인지, 어머니의 목소리는 잔뜩 가라앉아 있었다. 눈이 왔다는 소리에 귀가 번쩍 열렸다. 이불 속에서 벌떡 일어나 앉았다.

"엄마, 정말 눈이 많이 왔어?"

"못 믿겠거든, 직접 나가 확인해보렴."

활짝 젖혀진 대문을 통해서, 눈을 치우고 계신 선생님 모습이 보였다. 선생님은 하얀 목장갑을 끼고 있었다. 후우, 하얀 입김을 날리고 있었다.

나는 대문 밖에 세워놓은 빗자루를 들고 선생님 곁으로 갔다.

"오늘은, 눈이 와서 일찍 일어난 게로구나?"

나는 눈을 쓸고 계시는 선생님의 옆얼굴을 힐끔힐끔 쳐다보았다. 나는 가끔, 선생님이 불쌍하다는 생각에 빠질 때가 있었다. 선생님은 가끔, 바깥마루에 앉아 공동묘지를 바라보시곤 했었다. 사모님이 연탄재를 들고 나오셔서 마당가에 놓고 들어가셨다. 연탄재에서 지지직거리는 소리가 들려왔다. 김이 모락모락 피어오르고 있었다. 사모님은 둘째아이를 포대기에 업고 바깥마루에 앉아서, 억새꽃 흐드러지게 피어오른 공동묘진지 먼 산인지를 바라보시곤 하셨다.

*

그 아이를 내게 맡긴 사모님은 읍내에 볼일이 있어 집을 비우셨다. 나는 노는 것에 빠져 그 아이를 잊고 말았다. 노는 것에 싫증을 느꼈을 때에야, 그 아이가 없어진 것을 알아차렸다.

"같이 놀자, 응. 오빠, 같이 놀자."

아이의 울음소리가 들리는 것 같았다.

"나 엄마한테 갈 거야. 엄마한테 갈 거라고!"

그 구불구불 휘어졌다 펴졌다 하는 길을 울면서 걸어가는 아이의 모습이 보이는 듯했다. 그러나, 노을이 붉게 물든 들판 어디에도 그 아이의 모습은 없었다. 찾을 수 없었다. 이웃집 아저씨가 아이를 들고 뛰어오는 것이 보였다. 물에 젖은 머리카락, 물에 젖은 옷, 그 하얀 얼굴을 보았다. 아저씨는 소에게 먹일 풀을 베다 둠벙에 빠진 아이를 건져왔다고 했다. 벌써 죽어 있었다고 했다. 학교에 계시던 선생님이 달려오셨다.

어른들은 아이를 흰옷으로 갈아입히고 지게에 지고 공동묘지로 갔다. 나는 얼마를 따라가다가 무서워서 땅바닥에 주저앉고 말았다. 개구리가 울고 있었고 별들이 유리조각으로 변해 눈알을 찔러댔다. 멀리서 불 밝히고 땅 파는 소리가 들려왔다. 누가 좀 와서 불이라도 밝히고 내 몫의 죄를 파갔으면. 그 아이가 길을 잃고 헤매는 꿈을 꾸다 일어나 마시는 숭늉은 쉬어 있었다.

어디선가 들려오는 피아노 치는 소리. 맑은 물이 작은 조약돌의 얼굴에 슬쩍슬쩍 부딪쳐 내는 그 소리. '나는 이 다음에 피아노가 될 거야.' 하던 그 아이의 목소리를, 이 더럽혀진 세상에서는 다시 들을 수 없으리라.

들국화 향기

책상 서랍을 정리하는데, 사진 한 장이 바닥에 떨어진다. 나는 천천히 허리를 굽혀 떨어진 사진을 주워든다. 사진에는 1987. 10. 12라고 찍혀 있다. 이 사진을 찍은 날짜일 것이다. 그러나 필름을 인화지로 뽑은 날짜는 한참 뒤일 것이다. 사진의 오른쪽 귀퉁이엔 얼룩이 져 있다.

나는 87년 가을을 더듬어본다. 사진의 배경인 대숲과 대숲 앞 화단에 핀 들국화를 들여다본다.

나는 87년 봄부터 그 빈집에 들어가 살았다. 버스가 들어오지 않는 곳이었다.

나는 그곳에서 아홉 달을 살았다. 외부와의 소식을 끊고 살았기 때문에 나를 찾아오는 사람, 내게 배달되는 우편물은 없었다. 가끔 아랫동네의 구멍가게에 물건 사러 가는 일을 빼고는, 빈집을 떠나지 않았다. 쌀이 떨어져도 시내엔 나가지 않았다. 시내에 나가면 며칠이고 들어오고 싶지 않았기 때문이다.

내가 살던 빈집은, 그 산골에서도 맨 끝에 자리 잡고 있었다. 마루에 나가면 동네가 한눈에 내려다보였다. 나는 어두워져서야 아랫동네의 구멍가게에 갔다. 그런데, 그날은 예외였다. 해가 중천으로 오르지도 않은 시간에 구멍가게에 가겠다고 집을 나섰다.

어느새 빈집의 마당은 쓰레기장이 되어 있었다. 그 쓰레기들 때문에 풀도 제대로 자라지 못하고 있었다. 술병과 통조림 깡통, 비닐봉지, 그리고 구겨서 버린 종이뭉치, 담배꽁초들…… 밤새 뒤척이다 새벽에 잠들었는데, 잠이 깼다. 나는 잠들면 시체가 되곤했지만 잠에서 깨어나면 다시는 잠들지 못하는 습관이 있었다. 쓰레기장의 구석에 수돗가가 있었다. 그곳에서 얼굴을 씻고 구멍가게가 있는 아랫동네를 향해 걸어 내려갔다.

버려진 과수원 울타리에서 탱자가 익어가고 있었다. 길 아래 도랑에서 물소리가 들려왔다. 어느새 내 뱃속의 꼬르륵거리는 소리와 섞여 서로를 분간할 수 없었다. 탱자나무에 앉아 재잘대던 참새들이 한꺼번에 날아올랐다. 참새들은 껑충껑충 허공 속을 뛰어올랐다.

기와집 대문 앞에 스무 살쯤 되어 보이는 여자가 서 있었다. 여자는, 무심히 이쪽을 바라보았다. 나는 기와집 대문 앞에 이르러 고개를 들었다. 여자는 어디론가 사라진 뒤였다.

구멍가게에서 술과 정어리 통조림을 샀다. 나는 그날, 어두운 시간까지 마루에 앉아 술을 마셨고 방에 들어가 시집을 뒤적거리다 잠들었다. 그리고 아침이었다.

방안에서 듣는 새소리는 처량하기 그지없었다. 그 처량함은 청승맞음으로 옮겨가고, 나중에는 처절한 기분을 만들어놓았다. 그렇게 대숲에서 들려오는 새소리는 아침마다 나를 괴롭혔다. 나는 새소리를 떨쳐버리려고 몇 번인가를 돌아누웠다.

지난여름 태풍의 영향으로 지붕이 날아갔다. 그때 흠뻑 젖었던 탓에 벽지는 우그러져 있었다. 흉하게 얼룩이 졌다. 그 우그러지고 얼룩진 벽지의 꽃들을 들여다보고 있을 때였다. 밖에서 나를 부르는 소리가 들렸다. 가까운 데서 나를 부르는 사람의 목소리였다. 그래도 나는 꼼짝 않고 누워 있었다.

"학생, 집에 없어요?"

아주머니 목소리였다. 그 방에는 문을 거는 고리가 떨어져나가고 없었다. 망설이다간 엉망진창인 방안을 들킬 참이었다. 마루는 또 어떤가? 밤새 전쟁을 치른 전쟁터와 같았다. 나는 벌떡 일어나 옷을 주워 입었다. 아주머니는 머리에 고무대야를 이고 있었다.

"집에 없을 줄 알았는데…… 계셨네."

아주머니는, 마루에 고무대야를 내려놓았다.

"쌀도 떨어졌을 텐데, 밥이라도 해 드세요. 저 아래, 기와집 알죠? 어려워 말고 반찬도 가져다 드셔요."

아주머니가 쓰레기장을 돌아나갈 때에야, 나는, 고맙습니다……라고 중얼거렸다.

해가 중천으로 떠오른 일요일 정오, 나는 들국화 향기를 맡으며 수돗가에 앉아 쌀을 씻었다. 무릎까지 차오른 풀을 헤치고 여자가 나타났다. 어제 대문 앞에 서 있던 그 여자였다. 여자는, 수돗가로 걸어와서 찬합을 내밀었다. 들국화 향이 코끝에서 아른거렸다.

"자, 받아요."

나는 한 손에 밥솥을, 그리고 다른 한 손에 그릇을 들고 있었다. 찬합까지 받아들 손이 남아 있지 않았다. 여자는 턱으로 마루를 가리켰다. 거기에 찬합을 놓겠다는 뜻이었다. 마루에 찬합을 내려놓은 여자는 서둘러, 안녕히 계세요, 라고 말하고 돌아섰다. 내 얼굴을 한번 쳐다본 뒤 등을 돌렸다. 여자는 들국화들을 스치고 지나갔다. 노랗고 짧은 치마가 펄럭이는 것이 나비의 날개로 보였다. 여자의 종아리에 들국화 향기가 스며 있을 것만 같았다. 대숲에서 물 빠지는 소리가 들렸다.

나는 돌아가는 여자를 불러 세웠다. 여자는 얼굴만을 뒤로 돌렸다.

"잘 먹을 게요."

그 기어들어가는 말을 여자가 들었을 리 없었다.

다시 그 여자가 빈집을 찾아왔다. 일주일이 지난 일요일 오전이었다. 그녀의 손에는 찬합이 들려 있었다. 나는 그녀와 마루에 앉았다. 가을볕이 쓰레기장을 따스하게 감싸고 있었다.

그녀는 그때, 교육대학교 1학년이었다.

눈을 감고, 사진을 코앞으로 가져다 대본다. 밤새 물 빠지는 소리로 불던 대숲의 바람 소리, 밤새 이슬을 맞아 촉촉하게 젖어 있던 들국화…… 그 들국화가 서리를 맞고 시들어갈 무렵이었다.

별들에게 물어봐

어머니께서 웬일인지 핸드폰으로 전화를 다 거셨다. 핸드폰으로 전화 걸면 큰일이라도 나는 줄 아는 분이 어쩐 일로 핸드폰으로 전화를 다 거셨다.

“윤핵아, 나 엄마여~ 밥은 잘 챙겨 먹고 댕기는지 모르것다. 배고프면 딸기 우유라도 사먹고 다니거라. 그러다 속 다 베린다. 요즘도 그렇게 술 많이 먹고 다닌다며. 청량리 동상이 그러더라. 요즘도 그렇게 먹고 다니는가 보다고. 너만 생각하면…… 엄마는 날마다 거미를 잡아먹고 사는 것 같다. 그럼 자알 있거라. 담배 다 따고 한번 올라갈 텡께. 자알 있거라.”

전화의 주인공 어머니는 엄살이 좀 센 편이고 겁도 겁나게 많은 분이다. 언젠가는 눈에 자꾸 기미가 껴 수술을 하셨는데 아파 죽을 뻔했다며 다른 한쪽 눈은 수술을 포기한 분이다. 아버지가 집에 없으면 겁이 나서 집으로 이모나 동네 아줌마를 불러 함께 자야 안심이 되는 분이다.

전화를 끊고 가만히 앉아 있자니 그 옛날에 어머니가 나를 부르던 목소리가 들리는 것 같다.

"윤핵아, 윤핵아, 어디 있느냐? 어서 와 밥 먹어라."

집에 내려가고 싶다. 밥 한 끼 먹고 오고 싶다. 들일을 하기에도 빠듯한 시간 때문에 집 안은 치우지 못해 엉망일 거다. 집 안 어디나 거미줄이 제멋대로 쳐져 있을 거다. 먼지가 시커멓게 내려앉은 늘어진 거미줄들을 빗자루로 다 걷어내고 싶다.

나는 생각만 그렇게 할 뿐, 집에 내려가지 못한다. 집이란 최소한 일주일에 5일은 들어가 줘야 하는 곳이다. 편해야 하는 곳이다. 나는 오랫동안 여기저기 옮겨 다니며 줄을 치고 먹이를 기다리는 거미이다.

나는 언제나 놀이에 빠져 어머니가 부르는 소리를 듣지 못했거나 들었어도 무시해 버렸다. 날이 캄캄해져서야 친구들이 다 떠나간 뒤에야 어슬렁어슬렁 집을 찾아갔다.

집에는 5촉짜리 전깃불이 달랑 마루 위에 매달려 있다. 밥상은 물려진 뒤이다. 나는 부뚜막 앞에 쭈그리고 앉아 물 말은 밥을 후르륵후르륵 비우고 대청마루에 가 앉는다. 대청마루엔 푸른색 모기장이 쳐졌다. 일곱 식구가 모기장 안에 모여 잠을 잔다. 일곱 식구는 너나할 것 없이 몸부림이 심하다. 모기장이 들춰지고 벽에 묶어 놓은 끈이 풀어지고 끊어지고 못이 빠진다. 모기에 뜯겨 온

몸에 반점이 생긴다. 긁어서 반점들은 퍼진다. 자주 잠에서 깬다. 모기장은 모기를 가둬 두는 역할을 하는 곳이 된다. 배가 터질 듯 부른 모기들은 잘 날지도 못한다. 모기장 안에 모기가 더 많다. 참다못한 일곱 식구의 가장은 모기장을 뒤집어 친다. 그래도 마찬가지이다. 오래 가지 못한다.

잘 떠지지 않는 눈. 눈을 감고 마루 아래 벗어 놓은 신발 두 짝 아무거나 발에 꿰고 대문 밖 논두렁에 서서 오줌을 갈긴다. 한쪽 눈은 감고 한쪽 눈을 억지로 뜨고 본다. 갑자기 창피를 당한 나를 발견한다. 별 때문이다. 눈이 번쩍 뜨인다.

어디에 머리를 꽝 부딪쳤을 때의 그 자잘한 별의 새끼들. 별은 하늘이란 눈에 비친 슬픔의 종자이다.

성적표를 받아간 날 밤 매 맞고 쫓겨난 아이의 글썽거리는 눈동자이다. 풀밭에 대자로 누워 눈물을 닦으며 본 밤하늘 별들은 말똥말똥해져 아이의 마음 속에 영롱하게 맺힌다. 아버지가 잠든 틈을 타 어머니가 밖으로 나온다. 아이의 이름을 조심조심 부르며 손전등을 비춘다. 아이는 서러움에 복받쳐 입을 다물고 또다시 눈물을 흘린다. 감은 눈 속에도 웬만큼 별이 뜬다. 아이의 등허리가 축축하다. 풀잎마다 이슬이 맺혀 있다. 아이는 이슬을 별이 흘린 눈물이라 생각한다. 별은 하나씩 서러움을 포함하고 있다.

아이는 어머니에게 들킨다. 아니 들켜 준다. 더는 여기 있을 자신이 없기 때문이다. 어머니가 아이를 버리고 사라질 리는 없겠지만 아이는 어머니가 사라진 뒤의 적막을 지켜 낼 자신이 없다. 어머니는 아이의 머리를 쓰다듬는다. 어머니는 아이에게 말을 한다.

"사람은 먼저 마음을 곱게 다스려야 한다. 얼굴만 잘생겨서는 못쓴다. 비단보자기에 똥을 한 무더기 싸 들고 다니는 격이지."

눈을 감았다 떴다 감으면 제일 큰 별이 먼저 눈빛을 보낸다.

그 샘물은 어디 갔을까

황발이*는 특이하게도 엄지발이 붉고 크다. 푹푹 빠지는 개펄에서 구멍을 파고 사는 황발이는 무엇보다 눈치가 빠르다. 까맣게 조금은 붉게 개펄을 덮고 있다 다가가면 금세 구멍 속으로 숨는다. 인기척이 없으면 곧바로 개펄로 나와 딱지를 녹이는 한여름 땡볕을 거품을 물고 견딘다.

우리는 찌그러진 양은주전자를 하나씩 들고 황발이를 잡으러 갔다. 굴 버캐에 발바닥이 베어지고 황발이 구멍을 쑤시다 손가락이 베어지고 미끄러져 손바닥도 베어졌다. 간이 잘 된 개펄은 생선에 칼집을 내고 소금을 뿌린 듯 쓰라림을 가져다주었다. 나는 참 욕심이 많았다. 우리 집에서 제일로 큰 양은주전자를 들고 갔

* 붉은발 농게의 충남 사투리

다. 거기에 황발이를 가득 채우려고 진 개펄 흙을 집어 황발이를 향해 던졌다. 대개는 한 마리가 개펄 흙 공격에 꼼짝없이 잡혔다. 나는 부모님께 많이 잡았다는 칭찬 한 마디가 듣고 싶어 황발이를 무차별 공격했다. 황발이의 입장을 코딱지만큼이라도 생각했다면 하기 어려운 일이었다.

갈증은 밀물보다 먼저 밀려왔다. 다들 물 마시러 떠난 뒤에도 나는 황발이 사냥에 여념이 없었다. 내 욕심은 개펄 위 황발이를 다 잡아도 흡족하지 않았다. 개펄에는 물 들어오고 나가는 고랑이 있었다. 고랑으로 먼저 물이 차올랐다. 까닥 방심하다가는 물귀신이 되기 십상이었다. 나는 슬금슬금 고랑의 물을 보며 뒷걸음질 쳐서 개펄을 벗어났다. 개펄은 잿빛 물에 야금야금 잠겼다.

내가 잡지 못한 황발이는 꿈속까지 나를 따라와 괴롭혔다. 나를 포위한 황발이들은 붉은 엄지발을 쫙 벌리고 덤벼들었다. 나는 개미보다도 작아져 있었다. 어떤 날은 내가 황발이가 되어 있었다. 황발이들이 변한 무수한 나는 하나 남은 황발이를 잡으려고 그토록 많은 황발이 구멍을 쑤시고 있었다. 나는 황발이 구멍 속에서 어서 물이 들어오기만을 빌고 있었다.

제방에는 수문水門 두 개가 있었다. 물이 밀려들 때 수문에서 나는 소리는 뼈아픈 짐승의 울부짖음 같았다. 바다 쪽에서 오른편으로 폐가 한 채가 지붕이 뜯긴 채 벽돌 벽만을 드러내고 있었다. 밤마다 귀신이 나타나 괴롭혀 그 집에 살던 식구들은 하나 둘 시름시름 앓다 죽어갔다. 나는 그 말을 곧이곧대로 믿지 않았다. 그러나 밀물 때의 거센 물의 몸부림을 보고 듣고 있을 때는 그 말이 사실 그대로 다가왔다. 그 집안에는 김매는 데 쓰는 말뚝과 그물이 세워져 있고 쌓여 있었다. 굴 버캐를 따와 깐 껍질들이 어지럽게 나뒹굴고 있었다.

우리 집 앞집에 사는 할아버지는 중절모를 쓰고 수문 위에 앉아 망둥이 낚시를 하고 있었다. 나일론 끈에 아가미를 꿰인 망둥이들이 수십 마리씩 매달려 있었다. 할아버지는 베옷을 곱게 차려 입고 있었다. 일이라고는 바다낚시와 자식들 낳을 때밖에 하지 않았다. 그 할아버지가 누군가와 얘기를 나누는 걸 본 적이 없었다. 거만하기 짝이 없는 양반 같으니라고. 어른들은 그를 '거만 덩어리'라고 이름 붙였다. 그는 자신을 그렇게 불러 주기를 바라는 양반이었다. 그는 그렇게 사람들에게 인식시키기 위해 애쓰고 있었다.

"오늘도 많이 잡았네유."

나는 그 양반 곁으로 다가가 나일론 끈을 들어 올려 보았다. 그 양반은 대나무 끝에 묶인 낚싯줄을 들었다 놓았다 반복할 뿐이었다. 물이 다 빠진 뒤에도 수문 밖 웅덩이는 시퍼런 멍 자국 같아 무서운 기억을 수없이 떠오르게 했다. 망둥이 낚시질은 아주 단순한 노동이었다. 어른들은 통이 좁은 사람이나 하는 거라고, 우회적으로 할아버지를 비꼬았다. 그 양반은 날이 저물 때까지 그 자리에 앉아 욕심을 부렸다. 평평한 돌을 깔고 앉아 엉덩이 온기를 채워 넣었다. '할아버지는 무쇠 밥솥이야.' 나는 속으로 중얼거렸다.

아이들은 벌써 실컷 물배를 채우고 헤엄을 치고 있었다. 샘물은

이가 빠지도록 차가웠다. 엎드린 채 샘물에 입을 대고 원하는 만큼 마시면 숨이 탁 막히는 것 같았다. 나는 드러누워 하늘의 높이만큼 물을 마신 거라 생각했다. 내 정수리 위로는 자갈밭이었다. 자갈밭에는 개금나무가 듬성듬성 서 있었다. 이끼가 자갈에 옷을 입히고 있었다.

나는 샘물을 마실 때마다 산 너머에 있는 금광을 떠올렸다. 아버지는 10대 중반부터 금광에 다니셨다. 천마산 꼭대기에는 금맥金脈이 굵게 끝없이 뻗어나가기를 하늘에 빌던 제단이 있었다. 일본 사람들이 남긴 콘크리트 건물은 잔해만이 남아 있었다. 진폐증을 앓는 아버지는 새벽마다 혼이 쏙 빠지는 마른기침을 한 가마니씩 쏟아냈다. 아궁이 앞에 쭈그리고 앉아 프라이팬에 고추장 붉게 바른 돼지비계를 볶아 드시던 아버지. 아버지는, 너도 한 점 먹어 볼래?라고 말했다. 때가 잔뜩 들어앉은 아버지의 손톱이 붉은 돼지비계를 들고 있었다.

나는 갈증이 사라진 빈자리를 차고앉은 어지럼증을 앓고 있었다. 하늘은 샛노랗게 머리 위를 뱅뱅 돌았다. 나는 그 묽은 호박죽을 타지 않게 휘저었다.

병정놀이할 때, 나를 그럴 듯한 군인으로 만들어 준 아버지의 검은 플라스틱 안전모엔 갱도 속 돌부리에 긁혀 생긴 흠집이 빽빽했었다. 그 안전모는 아기 손목 굵기의 소나무 막대기에 매어져 변소 똥통을 젓거나 푸는 도구로 사용되고 있었다.

바닷가 근처 집들의 물에서는 엷은 간수 맛이 났다. 펌프 아가리 아래 붉은 대야에 담긴 물은 뜨끈뜨끈했다. 햇살이 진종일 전자레인지를 돌렸기 때문이다. 그런 물로는 갈증이 쉽게 풀리지 않았다. 체온보다 높게 달아오른 물이었기 때문이다.

나는 얼음을 녹인 것 같은 샘물 곁에서 잠에 빠져들었다. 황발이가 주전자 속에서 바스락거렸다. 샘물은 내 잠 속으로 흘러들어 대청마루 바닥에 누워 있는 것 같은 시원함을 불러다 주었다. 간척지 바둑판 논에서 쑥쑥 크는 벼를 핥는 바람의 까슬까슬한 혀, 갈증은 그와 같은 느낌이었다. 자꾸 입안에 끼는 모래알을 뱉어내야 했다. 샘물은 이를 시리게 했고 굴 버캐에 벤 발바닥과 손가락 상처에 시원하고 쓰라린 소독약을 발라 주었다.

술을 아무리 마셔도 그 다음 날 벌떡 일어날 수 있는 힘은 그 샘물의 기운 때문이 아닌가 싶다. 술만 안 마시면 어디 한군데 아프지 않은 것도 그 샘물에서 온 게 아닌가 싶다. 나는 그때 저장해 둔 그 샘물의 약효를 축내며 살아가고 있다.

나는 달린다

*

처음 오토바이 핸들을 잡아본 것은 중학교 3학년이던 어느 날 밤이었다. 어머니 사촌동생이 타고 온 90cc 오토바이가 앞마당에 세워져 있었다. 오토바이를 탈 줄 아는 사람은 동네에서 몇 안 되었다. 이장을 보는 아저씨, 농협에 다니는 아저씨, 그리고 동네 청년 둘이 전부였다. 어머니 사촌동생은 이웃 동네에 살고 있었다. 그의 오토바이는 낡아 녹이 슬어 있었다. 그는 가끔 우리 집에 와서 짚을 팔 집이 몇이나 되나 알아보았다. 그는 기껏해야 일 년에 한두 번꼴로 우리 집을 방문했다. 그때마다 아버지는 짚을 헐값에 사 주곤 했다. 그는 일찍이 우사牛舍 몇 동을 짓고 한우를 기르고 있었다.

그는 밥을 얻어먹고 밀린 이야기를 나누다 자정 무렵에나 안방에서 나올 것이었다. 나는 떨리는 마음을 안고 앞마당에 세워진 오토바이에게로 다가갔다. 오토바이에는 새하얗게 서리가 앉아 있었다. 살갗을 살짝 대기만 해도 오금이 다 저렸다. 오토바이 키는 그대로 꽂혀 있었다.

*

자전거를 배운 것은 초등학교 4학년 여름방학 때였다. 한쪽 발로 화단을 딛고 안장에 앉았다. 찌는 햇볕에 운동장 바닥은 온통 모래사장으로 바뀌었다. 자전거는 몇 바퀴 못 굴러 모래바닥에 푹 꺼져 버렸다. 나는 페달을 밟을 생각을 하는 대신, 한쪽 발로 바닥을 디디려고 했다. 나는 성공할 수 없었다. 구박을 받고 핸들을 빼앗겨 버렸다. 비싼 자전거 다 부서진다는 게 그 첫째 이유였다. 실제로 몇 번 패대기쳐진 자전거는 핸들이 휘어졌다. 빛을 감아 가며 굴러가던 바퀴살도 먼지가 묻어 빛나지 않았다. 나는 화단 끝에 엉덩이를 디밀고 앉아 윗집 형이 타는 자전거를 지켜보았다. 윗집 형은 자유자재로 모래 위를 굴러가는 두 개의 바퀴 위에 앉아 휘파람을 불었다.

나는 한 번만 더 타겠다고 우겼다. 윗집 형은 딱 한 번뿐이라는 걸 몇 번이나 강조했다. 나는 한 번의 기회를 살려야 했다. 나는 힘껏 밀어 줄 것을 바랐다. 속도가 붙은 자전거는 더 이상 쓰러지지 않았다. 그렇게 내버려 두면 하지 못할 일이 없었다. 그건 내 운명이었다. 나는 그만, 그만, 쫓아다니는 형을 피해 내달렸다.

*

오토바이를 끌고 앞마당을 벗어났다. 거기서 시동을 건다는 건 자살행위나 마찬가지였다. 나는 완만한 경사가 진 농로까지 오토바이를 끌고 나왔다. 오토바이는 차갑고 무거웠다. 나는 오토바이를 데워 주고 싶었고 가볍게 해 주고 싶었다. 1단 기어를 넣고 클러치를 잡았다. 그러고는 바닥을 힘껏 밀어붙였다. 오토바이는 연주할 준비를 하고 있었다. 클러치를 놓고 액셀을 당기자 오토바이의 연주가 시작되었다.

비좁은 농로를 벗어나 양 어깨가 움푹 가라앉은 찻길로 접어들었다. 처음 내 마음의 떨림은 오토바이 엔진소리에 실려 멀리멀리 퍼져 나갔다. 내가 가보지 않은 곳, 언젠가는 꼭 가보고 싶은 곳, 나는 푹신한 안장에 앉아 지도를 그렸다. 라이트는 비포장도로를 개나리 색으로 칠해 주었고 드문드문 켜져 있는 불빛들은 초라하기 이를 데 없는 것이었다.

나는 겁을 먹은 적이 없는 사람이었다. 찻길은 처음부터 나를 위해 뻗어 있었지만 앞은 컴컴했다. 백미러로 보이는 뒤 또한 캄캄했다. 나는 잔뜩 신이 나 콧노래를 부르느라 집으로부터 얼마나 벗어났는지 알지 못했다. 내 마음대로 오토바이는 따라와 주었다. 더 바랄 것이 없게 되었다.

고개를 넘어 산허리를 타고 오르려는 순간이었다. 바로 앞에서 엄청난 괴물이 길을 막고 달려들었다. 괴물은 입을 딱 벌리고 포효하듯 엄청난 경적으로 고막을 찢었다. 나는 거대한 괴물의 아가리를 피해 길가로 내동댕이쳐졌다. 한참 만에 정신을 차리고 시동이 꺼진 오토바이를 일으켜 세웠다. 무릎과 팔꿈치가 까져 쓰라림이 온몸을 달구었다. 개골창에서 오토바이를 끄집어내기 위해 필사적으로 달라붙었다. 다행히 개골창은 그리 깊지 않았다. 제발 시동이 걸려야 할 텐데, 내 주문은 쓰라렸다. 내가 외운 주문의 위력은 오토바이를 찻길로 밀어 올릴 만큼 힘이 셌다.

*

시동이 걸리지 않았다. 산허리까지 오토바이를 끌고 올라가 기어를 1단에 놓고 클러치를 놓았다. 라이트 유리가 깨져 있었다. 불이 들어오지 않았다. 비포장 길은 자갈이 없는 대신 이랑이 깊었다. 까딱하다가는 또다시 찻길에서 넘어지거나 고랑으로 굴러 떨어질 위험이 도사리고 있었다. 긴장한 탓인지 쓰라림이 한결 덜했다. 내가 넘어온 고개가 몇 개였던가? 그걸 지금 세어 본다는 것은 부질없었다. 정신을 팔고 편히 앉아 있을 상황이 아니었다. 눈에 불을 켜고 가도 안전하지 않은 길이었다. 그런데 자꾸만 눈에 눈물이 고여 앞을 가로막았다. 무사히 돌아가 앞마당에 오토바이를 받쳐 놔야 한다. 만에 하나 어머니 사촌동생에게나 집안 식구 누구에게라도 들키는 날이면 어떤 형벌이라도 달게 받아야 할 형편이었다. 뭐가 그리 신이 났던지. 나는 나를 원망하기에도 급급했다. 오늘 이후의 일은 중요할 게 하나도 없었다.

내가 왜 알지도 못하는 길을 달려왔던가. 날마다 학교 다니느라 버스 타거나 걸어다닌 길을 택했더라면 라이트 없이도 곧장 달려갈 수 있을 텐데. 나는 으스스한 길을 더듬어갔다. 귀신에 홀렸다 간신히 살아났다는 사람들의 말이 머릿속을 장악했다. 나는 그때마다 오른손을 안으로 당겼다. 오토바이 엔진소리를 높여 내가 가진 겁을 덜었다. 막차가 남은 시간이었다.

막차는 내가 달리는 방향 앞에서 달려올 것이다. 막차는 종점을 향해 달려올 게 분명했다. 운전기사는 사정없이 액셀을 밟고 있을 것이다. 버스는 레일을 달리는 기차처럼 정확히 비포장도로를 장악하고 달려들 것이다. 나는 막차의 불빛이 보일까 조바심을 냈다. 또 한번 만신창이가 되고 싶지 않았다. 그리 된다면 차라리 뒤돌아 가출하는 편이 나았다. 나는 무차별로 쏟아질 비난을 참아낼 자신이 서지 않았다.

언덕을 오르기 전에 언덕 위를 힐끗 쳐다보았다. 불빛이 갈라져 부챗살 모양으로 펼쳐진다면 길가에 붙어 서서 참을성 있게 기다릴 참이었다. 나는 액셀이 있는 오른쪽 손잡이를 바짝 당겨 언덕 위까지 한달음에 치고 올라갔다. 그때였다. 막차가 산모퉁이를 돌아 나오고 있었다.

나는 섬뜩했다. 온몸이 고등어조림 속 무처럼 쪼그라들었다. 급히 클러치와 브레이크를 잡고 길가로 비켜섰다. 길 가장자리에 서서 버스 바퀴에서 자갈이 튈까 봐 고개를 돌리고 눈을 꼭 감았다. 막차는 나를 거들떠보지도 않고 지나쳐 버렸다. 나는 어둠 속, 먼지 속에 한참을 서 있었다.

*

언덕을 하나 더 넘었다. 내리막길은 휘어져 있었다. 어디로 이어질지 종잡을 수 없었다. 돌아갈 길은 멀고 마음은 급한데 길은 보이지 않았다. 두 다리를 옆으로 디뎌 수평을 잡고 길을 더듬어 갔다. 한 번의 실수가 돌이킬 수 없는 결과를 초래할 수 있었다. 끝까지 방심은 금물이었다.

운동화 바닥이 닳아도 할 수 없는 일이었다. 겉은 멀쩡한데 바닥만 닳은 운동화는 신고 다니는데 문제가 되지 않았다. 맨땅을 밟고 다닌다고 욕할 사람은 아무도 없었다. 밑창이 얇은 신발을 신고 다니면 발 건강에도 도움이 될 것이다.

언덕을 중간쯤 내려왔을 때였다. 갑자기 기타 줄 끊어지는 소리와 함께 클러치가 힘없이 접혔다. 저절로 엔진 시동이 꺼졌다. 나는 억지로 기어를 중립에 놓고 오토바이를 길가에 세우려고 했다. 어디까지가 길인지 짐작으로만 대중할 수밖에 없었다. 나는 기어코 헛발을 내딛고 언덕 아래로 굴러 떨어지고 말았다. 내가 내동댕이쳐진 곳은 지옥과 천당의 중간 지점이었다. 찔레덩굴이 한없이 떨어지는 나를 받아 주었다.

잠자다 날벼락을 맞은 새들이 기겁을 하고 날아갔다. 가시 감옥에 갇혀 움직일 수도 없었다. 하지만 불구덩이가 아닌 것만으로도 다행스러운 일이었다.

한참을 넋을 놓고 있으려니 찔레덩굴의 내부가 드러나기 시작했다. 나는 간신히 가시를 따내고 가지를 분질러 출구를 만들었다.

언덕을 기어 올라왔을 때 오토바이는 길가에 널브러져 있었다. 클러치가 못 쓰게 되었으니 시동을 건다는 것은 엄두도 내지 못했다.

나는 오토바이를 끌고 집으로 뛰었다. 벌에 쏘인 것처럼 가시가 박힌 자리, 가시에 긁힌 자리가 욱신거렸다. 숨을 쉴 때마다 별들이 쏟아져 들어왔다 쏟아져 나갔다.

*

오토바이를 제자리에 세워 놓고 사랑방으로 들어가 불을 켰다. 바늘을 꺼내와 박힌 가시를 뽑았다. 나는 지글지글 끓는 방바닥에 배를 깔고 엎드렸다. 쉽게 잠이 올 리 없었다. 신경을 곤두세우고 안방 동정을 살폈다. 두세 시간 동안 꾼 악몽치고는 몇 손가락 안에 꼽힐 만한 것이었다.

깜빡 잠들었던 모양이다. 잠결에 마당에서 두런거리는 목소리가 들렸다. 클러치 줄이 끊기고 라이트가 깨진 걸 눈치 챈 어머니와 사촌동생은 바깥마당에 환히 불을 밝히고 응급조치를 했다.

“윤핵이 짓이겠지. 이느무 새끼 일어나기만 해 봐라.”

아버지 목소리가 들렸다.

얼마나 지났을까? 오토바이 시동이 걸리고 서로 인사를 주고받는 소리가 들렸다. 오토바이가 떠나고 있었다. 뒤이어 나무대문 걸어 잠그는 소리가 들려왔다.

새벽같이 사랑방 문을 열고 들어선 아버지는 어디 다친 데는 없냐 물었다. 오토바이 근처에도 가보지 못한 놈이 겁도 없이 끌고 나가긴 어딜 끌고 나가. 아버지는 기껏해야 요 앞 농로까지나 갔다 왔겠지 하는 말투였다.

나는 잠을 더 자야겠다고 버티는 동생을 깨워 사랑방으로 불러내렸다. 등에 박힌 찔레가시를 모조리 파낼 때까지, 나는 식은 방바닥에 두꺼비처럼 엎드려 있었다.

소쩍새는 밤에만 운다

밤늦게 전철에서 내려 삼막마을 자취방으로 걸어간다. 이름이 지워진 빌라 두 동이 서로를 마주 보고 흐린 불을 켜고 있다. 아니 등을 돌리고 있는 건지도 모른다. 어떤 기억이든 말로 만들어질 땐 보태지게 마련이다. 완벽한 기억은 없다. 그렇게 믿어야 아름다움이 맘속에 세 들어 살 수 있지 않겠는가? 맑은 날 물 위에 빛나는 햇빛 가루들이 모여 성채星彩를 만들 수 있지 않겠는가? 가로등이 공사 중인 보도를 내보이고 있다. 블록이 뜯기고 모래가 깔린 그 보도로 스쿠터 한 대가 달려온다. 같은 전철에서 내린 늙수그레한 아주머니 한 분이 머리에 보따리를 이고 앞장서 걷는다. 그 앞에서 스쿠터가 저음으로 다가와서는 우리 둘의 옆을 지나 전철역 쪽으로 간다. 밤길에 푸른 연기를 내뿜으며 천천히 달려간다. 앞서 가는 아주머니와 나 사이에 스쿠터가 뿜고 간 푸른 연기의 강이 놓여 있다. 푸른 길이 놓여 있다. 길은 짙은 향기로 나를 잡아끈다. 빨리 지나가지 않으면 금세 사라지는 향기의 길. 어딘가로 흩어져 가는 길. 아주머니와 나 사이에 난 길을 단축마라톤을 하듯 따라간다. 아주 짧은 순간에 단축된 거리. 나는 걸어서 10분 남짓 걸리는 자취방으로 걸으며 20년 묵은 기억 한 토막을 더 듬어간다.

그녀는 정처 없이 마을 주변을 떠돌다 어딘가로 떠나갔다. 사람들 표현을 빌리면, 그녀는 미친 사람이었다. 머리에 보따리를 이고 있었고 등 뒤에는 포대기에 싼 베개 크기의 뭔가를 업고 다녔다. 보따리를 풀어 보거나 포대기에 싼 등 뒤의 보물을 확인한 사람은 아무도 없었다. 그녀는 실실 웃었다. 뭐가 그리도 즐거운지 길 옆 풀밭에서 잠을 잘 때도 웃었다. 하지만 누가 보따리와 등 뒤에 있는 보물단지를 확인하려고 할 땐 경우가 달랐다. 그녀는 장정 몇 명이 달려들어도 거뜬히 그들을 물리쳤다. 사람에겐 들키고 싶지 않은 비밀이 있게 마련이다.

그녀는 산에서 살았다. 나는 그녀를 마을에서보다 산에서 자주 봤다. 그녀는 투구봉 산자락 밑 돌밭 근처 잔솔밭 아래서 살았다. 돌을 주어다 침대 크기로 방을 하나 들이고, 그 옆에 돌을 둘러 변소를 만들었다. 그녀는 돌베개를 베고 누워 있거나 무릎을 팔로 둘러 손깍지를 낀 채 돌밭을 망연히 바라보고 있었다. 그런 그녀 주위엔 들꽃이 몇 송이 피어 있곤 했는데, 나는 그 들꽃들이 그녀를 지켜보고 있는 거라 생각했다. 흔들림도 없이 움직임도 없이 웃고만 있는 그녀와 들꽃들은 잘 어울리는 한 다스의 쌍둥이였다.

그녀는 한겨울에도 거기서 살았다. 비가 오거나 눈이 와도 그녀는, 어떤 기막힌 기억을 더듬느라 그곳을 떠나지 못했다. 밤이나 도토리, 정금, 보리수, 칡, 도라지, 잔대, 가재, 머루, 다래, 솔잎을 주워 먹거나 캐 먹거나 뜯어먹거나 잡아먹거나 하면서, 그녀는 거기서 살았다. 그녀는 웃음을 잃지 않기 위해 산에서 살았다. 웃음을 잃지 않기 위해 산에서 내려오지 않았다.

막 가을걷이를 끝낸 무렵이었다. 하늘엔 먹구름들이 급히 어딘가로 몰려가기 바빴고 그 속도로 바람이 매몰차게 불어갔다. 우리들은 나락을 말리는 널따란 비닐 포장 모서리를 잡고 있었다. 하나, 둘, 셋을 외치고 발을 구르기만 하면 어딘가로 날아갈 수 있었다. 그러나 누구도 날아가는 낙하산을 펼 생각을 못했다. 그때, 우리 넷은 한곳을 바라보았다. 그녀는 들판 한가운데 우뚝 선 아름드리 소나무 아래서 우리를 지켜보고 있었다. 언제나 그녀의 얼굴에 엷게 흐르던 웃음은 사라지고 없었다.

그녀의 이름을 아는 사람은 없었다. 그녀의 이름을 밝혀낼 방법도 없었다. 누가 처음 그렇게 불렀는지 몰라도, 그녀의 이름은 '똥싼이'였다. 그저 산에서 먹고 똥을 싼다고 붙여진 이름이었다. 그러나 그녀 앞에서 그렇게 부르는 사람은 없었다. 그녀가 보이지 않을 때, 이를테면 그녀가 산에 있을 때 그렇게 불렀다.

언젠가 학교에서 돌아오는 신작로에서 그녀와 마주쳤다. 그녀는 허리를 약간 굽히고 포대기 뒤로 팔을 돌려 손깍지를 끼고 있었다. 우는 아이를 달래듯 포대기 속 베개 크기의 뭔가를 흔들어 주었다.

"아가, 아가, 우지 마라."

그녀가 무심코 흘리고 지나간 말이었다. 그녀에게는 갓난아기가 있었다. 그녀는 웃을 줄밖에 몰라 시집에서 버림받고 떠돌았다. 그녀는 항상 포대기에 아기를 업고 다녔기에 행복했다. 그러나 얼마 안 되는 정신을 차리는 동안, 그녀는 배신감과 자책감에 휩싸였다. 그럴 때, 그녀의 얼굴은 무섭도록 서러웠다.

소쩍새가 울고 있었다. 앞산 뒷산에서 번갈아 가며 소쩍새가 울었다. 그녀가 깨어나 포대기 속 아기를 달래듯, 앞산 뒷산에서 소쩍새가 밤을 지새우며 울었다.

물뱀을 독사로 만드는 재주

똥독도 항상 다독거려야 한다.
다독거리지 못하면
휘젓지나 마라.

못 박힌
소나무 작대기로
휘젓지나 마라.

네게만 냄새 난다.

— 시, 「어머니 말씀」 전문

설날 오후였다. 차례를 지내고 성묘를 돌고 새로 지은 집 지붕 위에 올랐다. 옹색한 풍경이 산골짜기에 담겨 펼쳐졌다. 왜 그렇게들 작아졌는지 모를 일이었다. 그렇다고 내가 엄청나게 커버린 것도 아니었다. 나도 모르게 욕심이 부풀었겠지. 폐교 위기를 가까스로 모면하는 초등학교와 붉은 벽돌 교회도 마찬가지였다. 아무리 치장을 해도 늙음은 감출 수 없는 것이다. 갯바닥 볼록한 구멍을 닮은 공동묘지의 자잘한 묘들은 완만한 경사에 기대어 뽀글뽀글 물방울들을 게워내는 것 같았다.

바깥마당 가에 중나무 한 그루가 보였다. 잘라내도 금세 자라나는 중나무는 참 끈질기다는 생각이 들었다. '너도 참 끈덕지구나. 뭐 볼 게 있다고 허공을 탐하는가?' 나는 새로 자란 중나무 가지를 보고 꽃사슴 뿔을 연상했다. 너도 허공이 어지간히 궁금한 게로구나. 아니 네가 허공의 핏줄이거나 뼈대인지도 모르겠다 생각했다.

바깥마당 밑에는 십 몇 년째 그 자리를 지키는 비닐하우스가 있었다. 모종들을 심고 고추를 말리고 담뱃잎을 말리는 공간이었다. 겨울에도 풀들이 새파랗게 살아 있었다. 어머니는 잎이 넓은 상추를 따 오셔서 삼겹살 굽는 가스버너 옆에 놓으셨다. 어머니께서 한 말씀하셨다.

"추위를 제때에 안 타, 별루 맛이 안 생겼을 게다."

조카들에게 올해는 꼭 썰매를 만들어 주겠다고 해 놓고 약속을 지키지 못했다. 내가 둘러댄 핑계는 이러했다.

"얼음이 얼어야 썰매를 타지? 얼음이 얼면 만들어 준다. 걱정들 붙들어 매 놓거라."

비닐하우스에 들어서니 후끈거렸다. 그 옛날 외할머니가 생각났다. 외할머니는 일손이 딸릴 때마다 셋째 딸네 집에 와서는 쉬지 않고 일들을 해치웠다. 마른 고추 꼭지를 따서 배를 가르고, 담뱃잎 마른 거 크기대로 골라 목을 짓는 일도 하셨다. 외할머니는 웅덩이를 파고 앉은 닭처럼 비닐하우스에 앉아 계셨다. 평생 위장병을 달고 산 외할머니 빼빼 마른 모습이 떠올랐다. 내가 중3 때까지 팔씨름을 해 보자고 팔소매를 걷어붙이던 양반이었다. 나는 외할머니가 돌아가셨다는 부고를 받지 못했다. 어디를 그렇게 쏘다녔는지 모를 일이었다. 당연히 산소에도 가보지 못했다. 나는 술병을 들고 와 사료부대를 깔고 앉아 청승을 떨었다.

승합차를 타고 온 매제에게 외할머니 산소에 데려가 달라고 졸랐다. 바빠서 안 가겠다고 우기는 어머니를 동승시켰다. 마른 오징어와 술병을 챙겼다. 외할머니 산소는 외할아버지와 합장되어 있었다.

초등학교에 다닐 때 딱 한번 와봤던 산소였다. '앞으론 자주 와야지. 이제 산소 위치도 알았으니. 이제 철이 좀 들었으니.' 외할머니는 담배를 제법 피우셨다. 절을 올리고 술을 붓고 생각나 담배도 한 가치 불 붙여 드렸다. 어머니는 앞서 내려가셨다. 나는 외할머니가 담배를 다 피우실 때까지 기다렸다. 마저 불을 꺼 드려야 했다. 즐겨 드시던 위장약을 잊고 왔다는 생각이 들었다. 박스

째로 사다놓고 드시던 박카스도 잊고 왔다. 박카스를 다 드시고는 물을 붓고 헹궈 한번 더 드셨다.

어머니는 찻길에 서서 나를 기다리고 있었다. 대뜸, 불은 잘 껐느냐 물으셨다.

"우리 어머닌 속이 터져서 담배를 배웠지. 너희 외할아버지 닮질랑 말거라. 물뱀을 독사로 만들어놓고 돌아가신, 너희 외할아버지 닮질랑 말거라."

길가엔 청양고추를 딴 대들이 널브러져 있었다. 허옇게 말라버린 고추들에는 잔뜩 주름이 잡혀 있었다. 노을을 받아넘기는 서해바다 목덜미가 시뻘겋게 밀려들었다.

"넌 물뱀을 독사로 만드는 재주 부리면 못쓴다."

어머니는, 서글픔을 참아 넘길 때마다 코로 깊이 들숨을 들이쉬곤 했다.

무인도

당연히 사회과부도 같은 데는 안 나와야 하는 곳이어야 했다. 섬 주위 어딘가에 옹달샘이 하나쯤 있어야 하고, 벼, 보리, 밀, 감자, 고구마, 옥수수 같은 걸 심을 만한 땅이 있으면 그만이었다. 우린 물통을 실었고, 그것들을 경작할 땅이 있으리라 믿어 곡식종자들을 챙겨 실었다. 그리고 아리랑 성냥 한 곽을 빠뜨리지 않았다. 우린 노 젓는 배를 타고 출항했다. 초등학교 4학년 여름방학이었다. 나는 노를 저을 줄 몰랐다. 세희는 아버지가 배를 짓는 일을 업으로 삼고 배를 부려 노를 저을 줄 알았다.

썰물이 시작되어 물까지 배를 밀고 가야 했다. 다행히 물까지는 개흙이어서 배는 미끄러져 물에 닿았다. 세희는 노를 저었고, 나는 뱃머리에 앉아 녀석이 꾀를 부리는지 살폈다. 우리의 첫 항해는 순조로웠다. 배는 노를 젓지 않아도 썰물에 밀려 금세 바다 가운데까지 나아갔다.

한여름의 이글거리는 태양이 머리 위에 지켜 서서, 우리의 탈출에 온갖 찬사를 보내주었다. 바다 가운데에 나가면 소용돌이가 있다는 말이 생각났지만 그건 어디까지나 말 만들기 좋아하는 어른들이 지어낸 허풍에 지나지 않았다. 우리들이 떠나온 협소한 골목 바다가 아득하리만치 멀어졌다. 이젠 누가 쫓아와도 잡히지 않을 자신이 생겼다. 우리는 성공한 것이었다. 우리가 떠나온 천수만이 어린 마음에도 작게만 보였다. 지긋지긋하리만치 들어야 하는 잔소리를 듣지 않아도 되고, 학교에 안 가도 되고, 무엇보다 우리가 하고 싶은 만큼만 일하면 되는 것이었다. 이젠 그랬다. 이렇게 되는 날을 얼마나 꿈꾸어왔던가. 앞으론 어디로도 돌아가지 않으리라. 눈물이 났다.

언제나 가깝게만 느껴졌던 안면도까지의 거리는 만만치 않았다. 저긴 소나무 숲이다. 아버지가 안면도를 가리키며 했던 말이 떠올랐다. 우리가 살던 육지의 끝에서 보면 안면도는 엄청나게 길었다. 끝과 끝이 보이지 않았다. 우리는 우리가 살던 육지의 끝에서 안면도까지의 중간 지점에 이르렀다.

힘이 빠졌는지, 세희의 노 젓는 속도도 한결 느려졌다. 가만히 앉아서 이쪽저쪽을 훑어보는데도 땀이 비 오듯 쏟아졌다. 세희의 얼굴은 빨갛게 익었다. 연방 노란 체육복 앞자락을 걷어 올려 땀을 훔쳐냈다. 나는 세희가 안쓰러워졌다.

"좀 쉬었다 해라."

세희는 웃통을 벗어 땀수건으로 썼다. 미풍 한 점 없는 날이었다. 물이 많이 쓸 때는 몇 백 미터도 되지 않는 거린 줄 알았는데, 족히 몇 킬로는 되어 보였다. 물길과 뭍길은 눈대중으로는 현격한 차이가 났다.

노 젓는 배는 물 힘에 밀려 보령 쪽으로 가고 있었다. 우린 힘 하나 안 들이고 어딘가로 가고 있었다. 파도의 안마가 뱃전을 때려 흔들의자를 흔들어주는 것 같았다. 우린 눈을 감고 있다 깜빡 잠들고 말았다. 나를 깨운 것은 세희였다. 어디선가 들려오는 소리였다. 부—윽, 부—윽, 간간이 무언가를 긁는 소리였다.

눈을 떴을 때, 현기증이 일었다. 태양이 눈앞에 당도해 있었다. 세희는 붉은 플라스틱 바가지로 물을 퍼내고 있었다. 배 밑에 작은 구멍이 뚫려 있었다. 세희의 물 푸는 간격은 점점 좁혀졌다.

"어떻게 된 거야?"

세희의 표정은 대수롭지 않았다.

"이 정도는 괜찮아."

"정말 괜찮겠어?"

밀물이 시작되었다. 여섯 시간이 흘러간 것이었다. 배 밑에 뚫린 구멍은 넓어져 바닷물이 샘물처럼 솟았다. 우린 너무 많이 흘러온 것이었다. 우린 마음이 급해졌다. 우리가 떠나온 곳이 어딘지 알 수 없었다. 나는 어서 뱃머리를 돌릴 것을 재촉했다. 그럴 줄 알았다고 소리쳤다. 세희도 당장 어떻게 되기라도 하는 듯, 잔뜩 겁을 먹고 있었다. 처음엔 세희가 사력을 다해 노를 저었다. 그 다음엔 내 차례였다. 계속 물을 퍼내며 팔이 떨어져나가는 아픔도 잊었다. 바닷물을 다 퍼내야 하는 건 아니겠지. 그런 형벌을 받을 만큼 큰 죄를 지었단 말인가. 소용돌이 따위가 있다는 말이 머리에 들어올 리 없었다. 우린 사력을 다해 노를 저었고 바닷물을 퍼냈다. 다시는 노를 젓지 않아도 되고, 바닷물을 퍼내지 않아도 될 때까지. 우린 우리가 누구인지도, 어디에 돌아가야 할 곳이 있는지도 몰랐다.

#4

언젠가
누군가의 머리핀에서 떨어져 나온 것 같다

저 유치한 민들레꽃!

자, 여기 있다
받아라

너 가져라

— 시, 「민들레」 전문

도라지꽃

우리 고모는 말을 못한다. 어렸을 때 머리에 침을 잘못 맞아 혀가 굳어버렸다. 고모는 어렸을 때 얘기만 하면 비뚤어진 입을 비틀면서 엉엉 운다. 그래서 나는 고모에게 어린 시절 얘기를 묻지 않는다. 고모가 대답해줘도 내가 알아들을 수 있는 말은 거의 없다.

할머니 말씀으로, 고모는 어렸을 때 동네에서 제일가는 말썽쟁이였다고 한다. 고모는 나보다 유리창도 더 많이 깨고 싸움도 더 잘했단다. 말을 재미있게 해서 인기도 많았단다.

고모의 어린 시절 얘기를 해줄 때면 할머니는 가슴을 어루만졌다. 어떤 때는 가슴을 치면서 '내가 죽어서 너에게 목소리를 줄 수 있으면 얼마나 좋겠냐.' 하셨다. 할머니 눈에 눈물이 고일 때면 고모는 돌아앉아 천장을 바라보았다.

나는 할머니에게도 고모에게도 어린 시절 얘기를 묻지 말아야

2011

겠다고 다짐한다. 하지만 번번이 그걸 까먹어서 할머니와 고모를 힘들게 만든다.

고모는 말을 못하게 된 뒤로는 잘 웃지도 잘 울지도 않게 되었다. 고모는 손짓이나 눈짓으로 말을 하는데, 내가 고모의 행동을 보고 무슨 뜻인지 한 번에 알아차리면 아주 환하게 웃어주었다. 나는 고모를 더 많이 웃게 해주려고 고모의 행동 하나하나를 눈여겨보지만 알아듣는 것보다 못 알아듣는 게 더 많았다.

고모가 고개를 숙이고 한숨을 길게 내쉬면 사람들이 고모의 말을 못 알아들었다는 뜻이었다. 고모는 웃는 시간보다 한숨을 쉬는 시간이 더 많았다. 나는 고모의 한숨소리가 싫었다. 고모가 한숨을 쉬면 할머니는 멍한 눈으로 하늘을 바라보았다. 나는 할머니가 하늘을 바라보는 것도 싫었다. 할머니가 하늘을 바라볼 때마다 '내가 대신 죽어서…….'란 말이 떠올랐다.

고모처럼 착한 사람이 말을 못한다는 건 정말 억울한 일이다. 입만 열면 거짓말하고 욕하는 사람들 대신 고모가 말할 수 있다면 얼마나 좋을까.

나는 사람들이 거짓말을 하면 하루 동안 말을 못하게 되는 꿈을 꾸었다. 거짓말을 한 사람이 말을 못하는 대신 고모가 말할 수 있는 꿈이었다. 거짓말을 안 하고 사는 사람은 없으니까, 고모는 날마다 말을 할 수 있었다.

고모가 입을 벙긋거리며 말하는 모습을 보면 신이 났다. 꿈속에 오래 머물고 싶어서 발버둥을 쳤지만 마음대로 되지 않았다. 고모가 말을 하게 되는 꿈을 꾸는 날이면, 나는 할머니나 고모처럼 무언가를 올려다보게 되었다

고모는 세 달에 한번 왕정한의원에 가야 했다. 고모는 왕정한의원에 가는 걸 죽는 것보다 싫어했지만, 할머니 때문에 갈 수밖에 없었다. 왕정한의원은 꽤 유명한 곳이었다. 나는 할머니에게 왕정한의원에 대해 들은 적이 있었다. 왕정한의원에서 지어주는 약을 먹고 애를 못 갖는 아줌마가 애를 가지게 되었다는 얘기, 장님이 눈을 뜨게 되었다는 얘기, 벙어리가 입을 열게 되었다는 얘기……

모두 다 거짓말 같았다. 하지만 아무리 거짓말이라도 할머니는 그 말을 믿었다. 고모는 왕정한의원에 갈 때마다 나를 데려가고 싶어 했다. 내가 가기 싫다고 하면, 고모는 나에게 손짓을 하며 '혼자 가는 거 심심해서 그래. 같이 가줘.'란 표정을 지었다. 고모가 우울한 얼굴로 나를 쳐다보면 나는 싫다는 말을 할 수가 없었다. 언제부턴가 그렇게 되었다. 사랑하는 사람들은 하나로 이어져 있다는데 정말 맞는 말인가 보았다. 고모가 우울해지면 할머니가 우울해지고 그러면 나도 우울해지니까.

왕정한의원에 가려면 마을버스를 타야 한다. 마을버스를 타고 40분을 가야 매화마을이 나온다. 매화마을에는 논밭밖에 없다. 마을버스를 타고 온 시간만큼을 걸어야 왕정한의원이 나온다.

나는 걷는 게 싫었다. 지루한 건 더더욱 싫었다. 그러지 말아야

지 하면서도 왕정한의원으로 가는 내내 고모에게 짜증이 났다. 나는 괜히 따라나섰다는 생각이 들었다. 내가 얼마를 더 가야 하냐고 물으면, 고모는 조금만 더 가면 된다고 손가락으로 앞을 가리켰다. 10분전에도 그랬고 20분전에도 그랬다. 햇볕이 뜨거워 몸에서 열이 났다. 눈이 따끔거려 먼 곳을 볼 수도 없었다. 나는 다음번에는 절대로 따라오지 않을 거라고 다짐했다.

"고모, 얼마나 더 가야 돼. 지난번보다 더 먼 것 같단 말이야!"

나는 참다못해 고모에게 소리를 질렀다. 고모는 시멘트 포장길에 쪼그려 앉아 손바닥으로 등을 쳤다. 등에 업히라고 말하는 것이다.

"됐어. 내가 무슨 어린애야 업혀서 가게."

나는 시멘트 포장길에 운동화 바닥을 갈면서 걸었다. 투덜거리면서 10분을 걸어도 왕정한의원이 나오지 않았다. 마음속에 짜증이 쌓여 갈수록 길은 더 멀게 느껴졌다.

"괜히 왔어. 집에서 그냥 만화나 볼걸."

고모는 뒤를 돌아보았다. 숟가락으로 맛있는 것을 입에 넣는 시늉을 하고 있었다. 조금만 더 가면 왕정한의원이 나오고 거기 가서 맛있는 것을 사주겠다는 말이었다. 고모는 오른쪽으로 들려올라간 입으로 입맛 다시는 시늉을 해보였다.

"거기에 뭐가 맛있는 게 있어. 분식집도 없던데."

고모는 고개를 가로저었다. 아니라는 말이었다. 맛있는 게 있다는 말이었다.

"고모, 뻥 치지 마. 지난번에도 맛있는 거 있다고 해놓고선 구멍가게에서 초콜릿 하나 사줬잖아."

고모는 고개를 가로저으면서 가슴을 두드렸다. 이번에는 진짜로 맛있는 걸 사주겠으니 믿어달라는 뜻이었다.

"됐어. 고모는 뻥쟁이야. 고모 말을 믿으면 내가 김현숙이 아니야."

나는 뻥쟁이 고모를 떼놓고 걸어갔다. 뒤를 돌아보니까 고모는 제자리에 서서 눈을 동그랗게 뜨고 나를 쳐다보고 있었다.

"왜 안 와?"

나는 입을 뾰로통하게 내밀고 고모를 쳐다보았다. 고모는 고개를 숙이고 한숨을 길게 쉬었다.

"고모, 정말 맛있는 거 있어?"

고모는 그제야 씩 웃으면서 고개를 끄덕거렸다. 고모는 내 손을 잡았다. 가봤자 초콜릿이나 과자밖에 사주지 않을 거라는 걸 뻔히 알면서도 나는 그냥 속아주었다. 고모도 그랬다. 내가 아무리 사고를 쳐도 눈감아 주었다. 가끔씩은 나 대신 다 뒤집어쓰는 날도 있었다. 그래도 고모는 내 탓을 하지 않았다. 나는 고모를 통해, 더 많이 사랑하는 쪽이 잘못을 더 많이 눈감아준다는 걸 알게 되었다.

고모와 함께 아지랑이 피어오르는 좁은 시멘트 포장길을 따라 걸었다. 시멘트 포장길 양쪽에는 논이 있었다. 낮은 산 아래 조그만 밭이 보였다. 조그만 밭에는 보라색 하얀색 꽃이 피어 있었다. 보라색 꽃과 하얀색 꽃들 위로 햇살이 내리쬐고 있었다.

보라색 하얀색 꽃들은 바람에 흔들리고 있었다. 사방이 온통 초록색으로 물들어 있어서 보라색 하얀색 꽃들은 더욱 눈에 띄었다. '이쪽 좀 바라봐줘. 이쪽 좀 바라봐줘.' 하며 나를 부르고 있는 것 같았다. 지금껏 하얀색 꽃은 자주 보았지만 보라색 꽃을 본 적이 없었다. 걸어오느라 내내 지루했는데, 낯선 꽃을 보니 지루함이 날아가는 듯했다. 나는 조그만 밭을 향해 뛰어갔다.

조그만 밭에는 보라색 하얀색 꽃들이 옹기종기 모여 피어 있었다. 보라색 하얀색 꽃들은 별 모양을 하고 있었다. 별이 하늘에서 내려와 땅에 심겨서 보라색 하얀색 꽃이 된 것 같았다.

'이 안에다 물을 받아 마시면 어떤 느낌일까? 따듯할까? 이 안에 물을 담아놓으면 별처럼 반짝반짝 빛나지 않을까?'

나는 보라색 하얀색 꽃들이 너무 예쁘고 신기해서 하나씩 자세히 살펴보았다.

고모가 내 뒤로 와서 어서 가자고 재촉했다. 내가 보라색 하얀색 꽃을 쳐다보면서 말했다.

"고모, 이 꽃 정말 예쁘다. 이것 좀 봐, 보라색 하얀색 꽃들이 우리를 부르는 것 같지? 꼭 여기를 보라고 부르는 것 같지?"

고모는 아무런 말이 없었다. 고모가 내 옷깃을 잡아당겼다.

"고모, 잠깐만 있어봐. 왕정한의원은 조금 있다 가도 되잖아. 고모, 나는 세상에서 이렇게 예쁜 꽃은 처음 봤어."

나는 보라색 하얀색 꽃에 코를 대고 냄새를 맡아보았다. 고모는 내 말에 아무런 반응을 보이지 않았다. 그래도 나는 한참 동안 보라색 하얀색 꽃을 쳐다보았다. 고모는 자꾸만 내 옷깃을 잡아당겼다.

"고모, 그런데 이 꽃 이름이 뭐야?"

나는 보라색 하얀색 꽃에서 눈을 떼지 않고 고모에게 물었다. 고모는 아무 말도 하지 않았다. 나는 보라색 하얀색 꽃을 꺾기 시작했다. 한 아름 꺾어서 꽃다발을 만들 생각이었다. 보라색 하얀색 꽃을 꺾으며 고모에게 다시 물었다.

"이 꽃 이름이 뭐냐니까?"

고모는 아무 말도 하지 않았다. 나는 신경질이 나서 뒤를 돌아보았다. 그러고는 고모를 향해 소리를 질렀다.

"고모 바보야? 몇 번을 물어야 해. 이 꽃 이름이 뭐냐니깐!"

나는 꺾은 꽃을 들고 고모를 쳐다보았다. 고모는 얼굴이 빨갛게 달아올랐다. 눈길을 어디다 둬야 할지 몰라 허둥댔다.

"왜, 아무 말이 없어? 모르면 모른다고 말이나 해주던지!"

고모는 눈에 눈물이 차서 내게서 돌아서버렸다. 고모가 돌아서는 순간, 아차 싶었다. 나는 꽃에 홀려서 고모가 말을 못한다는 것을 잊어버렸다. '맞아…… 고모는 말을 못하지…….' 하는 생각이 들자 내 마음 속에서는 갑자기 슬픔이 차오르기 시작했다. 나는 보라색 하얀색 꽃밭으로 고개를 돌리고 앉았다. 눈물이 고여 눈앞이 희미해지기 시작했다. 고모에게 들키지 않으려고 억지로 울음을 참았다.

'고모는 왜 말을 못하는 거야…… 왜 못해…….'

나는 속으로 같은 말을 몇 번이나 반복했다. 보라색 하얀색 꽃

위로 나비가 내려앉았다. 나는 울지 않으려고 나비가 날아갈 때까지 나비만 쳐다보았다.

우리는 한참 동안 아무 말도 하지 않았다. 땅 위로 아지랑이가 피어오르고 있었다. 나는 고모를 쳐다볼 수가 없었다. 그래서 보라색 하얀색 꽃에 눈길을 멈춘 채 말했다.

"이름이 무슨 상관이야…… 내가 붙여주면 되지. 그치, 고모?"

내 말에 고모는 아무 소리도 하지 않았다. 나는 나지막한 소리로 다시 말했다.

"고모, 이렇게 예쁜 것은 원래 이름이 없는 거야…… 진달래도 장미도 처음에는 이름이 없었을 거야. 누군가 이름을 지어주었기 때문에 이름이 생긴 거야. 그치? 내 말이 맞지?"

나는 고개를 돌려 고모를 보았다. 고모는 고개를 숙이고 손가락을 만지작거렸다. 나는 큰소리로 고모에게 말했다.

"이 꽃은 별 모양이니 별꽃이라고 부르면 되겠네. 고모도 이제부터는 이 꽃을 별꽃이라고 불러. 마음속으로 별꽃이라고 부르면 돼. 알았지?"

나는 고모 손을 잡고 걷기 시작했다. 고모 얼굴을 보기가 민망해서 앞만 보고 걸었다. 나는 고모에게 '고모가 말을 할 수 있으면 참 좋겠다. 그럼 꽃 이름도 같이 얘기할 수 있을 거 아냐. 나 때문에 화가 나면 잔소리도 할 수 있을 거 아냐. 고모도 그랬으면 좋겠지……' 하고 말하고 싶었다. 곁눈질로 고모를 쳐다보았다. 고모의 눈가는 불에 덴 것처럼 붉었다.

주먹으로 내 머리를 때렸다. 고모가 나를 빤히 쳐다보았다.

"내가 고모 마음을 아프게 해서 때려주는 거야."

고모는 나를 보고 웃었다. 고모는 내 머리에 호, 호, 더운 입김을 불어주었다. 그리고 내 머리를 문질러 주었다. 고모는 손가락으로 원을 그렸다. '머리 때리면 머리 나빠져.'라고 말하는 것 같았다.

"안 그래도 머리 나쁜데 뭐."

나는 고모를 보고 씩 웃었다. 고모도 나를 보고 씩 웃었다. 고모는 내 손을 잡아끌며 천천히 발을 움직였다. 천천히 가자는 뜻이었다.

"고모, 왕정한의원 가서 정말 맛있는 거 사줄 거지? 뻥친 거면 내가 가만 안 놔둔다. 나 힘 센 거 알지?"

나는 고모 앞에 주먹을 움켜쥐어 보였다. 고모는 나를 보고 왼쪽으로 혀를 내밀고 웃었다. 햇볕이 따가워 눈을 반쯤 감았다. 고모가 손으로 내 머리 위에 그늘을 만들어 주었다.

"오늘은 참 날씨가 좋다. 그치 고모?"

고모는 고개를 끄덕였다.

"거봐. 말하지 않아도 똑같이 느낄 수 있는 게 있잖아."

나는 시멘트 포장길을 바라보며 말했다.

우리는 햇살이 쏟아져 내리는 시멘트 포장길을 걸었다. 온갖 보석을 뿌려놓은 것처럼 반짝거렸다.

가면

승혜언니는 입만 열면 마귀할멈으로 변한다. 짜증나, 열 받아, 재수 없어, 꺼져, 그런 말을 하다가도 어른이 곁에 오면 얼굴을 싹 바꾸고 품위 있는 말을 쓴다. 집사님들은 언니만 보면 얼굴도 예쁜데 마음까지 곱다고 침이 마르도록 칭찬한다. 나는 그럴 때마다 속이 터진다. 툭하면 우리를 괴롭히는 사람이 착하다고? 욕을 달고 사는 사람이 착하단 말이야? 승혜언니가 착하면 나는 천사겠다.

언니가 제일 가식적으로 변할 때는 김전도사님과 있을 때이다. 전도사님은 얼굴도 잘 생기고 키도 크다. 눈이 얼마나 크고 맑은지 바라만 봐도 기분이 좋아진다. 교회 언니들은 대부분 전도사님을 좋아하지만 눈길조차 주지 못한다. 승혜언니가 두렵기 때문이다.

언니는 전도사님이랑 꼭 결혼할 거라고 떠벌리고 다닌다. 전도사님한테 수작을 걸면 가루로 만들어버리겠다고 협박한다. 나는 그 말이 빈말이 아닐 거라고 생각한다.

막말을 달고 사는 언니지만, 전도사님이 곁으로 오면 얌전한 고양이로 변한다. 언니는 전도사님 곁에 찰싹 붙어서 온갖 애교를 떤다.

"어머 전도사님, 우리가 다른 사람 욕을 하면 안 되겠죠? 우리는 서로 사랑해야 되죠?"

언니는 몸을 비틀어 꼬면서 말한다. 아무것도 모르는 전도사님은 언제나 언니 말에 상냥하게 대답해준다.

"그렇지. 우리는 서로를 사랑해야지. 승혜는 모르는 것도 없어."

"어머 전도사님, 너무 많이 칭찬하지 마세요. 너무 부끄러워요."

언니는 얼굴을 붉히며 전도사님을 쳐다본다.

언니가 특히 싫어하는 사람은 반주자 언니이다. 언니 말로는 반주자가 믿음이 약하고 성실하지 못하다고 하지만, 그건 다 반주자 언니를 깎아내리기 위한 거짓말이다. 언니는 반주자 언니가 자기보다 예쁜 게 거슬리는 것이다. 전도사님이랑 반주자 언니가 대화를 나누는 모습을 보면 눈이 뒤집혀서 하루 종일 반주자 언니를 헐뜯고 다닌다. 반주자 언니가 피아노를 잘못 치기라도 하면

"쟤는 손가락에 쥐가 났냐. 왜 자꾸 틀리고 난리야. 더워 죽겠는데 말이야."

하면서 계속 투덜거린다. 입을 내밀고 욕을 하다가도 전도사님이 곁으로 오면 언니는 금세 얼굴색을 바꾼다. 수줍은 미소를 지으며 전도사님에게 이렇게 말한다.

"오늘따라 반주자가 실수를 많이 하네요. 가끔씩 실수할 때도 있죠. 사람이 다 완벽할 수가 있나요. 오늘 날씨가 더워 반주자도 땀 꽤나 흘렸을 거예요. 전도사님이 가서 격려 좀 해주세요."

"승혜는 어쩌면 그렇게 마음이 깊어."

전도사님은 언니를 바라보며 흐뭇한 미소를 짓는다.

"전도사님도 참. 여자 마음은 여자가 잘 아는 법이에요."

언니는 손으로 입을 가리고 웃는다.

나는 더 이상 두고만 볼 수 없다고 생각했다. 언니의 마수에서 전도사님을 구해내고 싶었다. 어쩌면 나는 언니에게서 착한 전도사님을 구해내기 위해 태어난 사람인지도 모른다. 그렇게 생각하니 어깨가 무거웠다.

얼마 전 병원에 가서 언니를 보았다. 언니는 다리 사이에 농구공을 끼우고 걷는 것처럼 어기적거리면서 걸었다. 엄마는 언니를 가리키면서 치질수술을 하고 가는 길이라고 말했다. 언니는 엄마에게 아무한테도 말하지 말아달라고 신신당부를 했다고 했다. 엄마는 내게 너만 알고 있으라고 했지만, 나는 벌써 교회 친구들에게 소문을 다 냈다.

언니는 치질이 다 낫지 않아서 요즘에도 의자에 앉을 때가 제일 힘들어보였다. 교회 의자에 앉아 예배를 드릴 때면 설교 좀 빨리 끝내달라고 투덜거리는 소리를 들은 적이 있었다. 나는 언니의 약점을 공격하기로 했다. 오늘 기필코 언니의 가면을 벗기고야 말리라 다짐했다.

예배가 끝나고 전도사님과 언니가 선교원으로 걸어가고 있었다. 나는 등 뒤에 장난감 총을 감추고 언니 뒤를 밟았다.

“어머 전도사님, 오늘 날씨가 참 좋죠? 하나님이 주신 세상은 참 아름다워요.”

“그렇지. 하나님이 주신 세상은 참 아름답지. 이 아름다운 세상을 보면, 승혜는 어떤 생각이 들어.”

언니는 어기적어기적 계단을 올라가고 있었다.

‘오늘이 가식의 마지막 날이다!’

나는 장난감 총에 달린 망원렌즈로 언니의 똥꼬를 조준했다. 언니가 전도사님에게 무어라 대답하려는 사이, 언니의 똥꼬를 향해 비비탄을 쐈다. 언니가 똥꼬를 움켜잡고 소리쳤다.

“아, 똥꼬!”

전도사님은 깜짝 놀라 언니를 쳐다보았다.

“뭐라고?”

언니는 한 손으로 입을 틀어막으며 고개를 흔들었다.

“아니에요. 잘못 들으신 거에요. 너무 아름답다고 말한 걸요. 하나님이 주신 세상을 보면 늘 감사한 마음뿐이죠.”

“그렇지. 그래 맞아. 감사한 마음을 늘 잊지 말고 살아야해. 승혜도 그렇게 생각하지?”

나는 언니의 똥꼬를 향해 비비탄 두 발을 연달아 쐈다. 언니는 힘주어 몸을 꼬면서 똥꼬를 감쌌다.

“아야, 똥꼬! 똥꼬!”

"승혜야, 왜 그래?"

전도사님은 그 큰 눈을 더 크게 뜨고 언니를 바라보았다. 언니는 몸에서 힘을 빼고 억지웃음을 지으며 말했다.

"아무것도 아니에요. 전도사님 말씀이 맞아요. 우린 감사한 마음을 언제나 잊으면 안 되죠."

언니는 한 손으로 똥꼬를 가렸다. 나는 웃음이 나와 돌아서서 키득거렸다. 전도사님은 손가락으로 귀를 팠다. 헛것을 들었나, 하는 표정으로 고개를 갸웃거리고 있었다. 언니는 얼굴이 파랗게 질려서 전도사님 눈치를 살피고 있었다. 전도사님은 언니와 눈이 마주치자 긴장한 얼굴이 되었다. 전도사님이 주위를 살피더니 발그레한 얼굴로 말했다.

"승혜한테 할 말이 있는데…… 승혜는 나를 어떻게 생각해."

전도사님도 언니가 마음에 들었던 모양이다. 나는 당장이라도 뛰쳐나가서 전도사님 정신 차리세요, 언니는 마귀할멈이라고요. 믿음으로 물리치세요! 라고 소리치고 싶었다.

"저는요. 저는 전도사님을……."

승혜언니는 전도사님 말에 자기도 모르게 똥꼬를 가렸던 손을 떼었다. 언니는 손으로 얼굴을 가리고 있었다.

"저도 전도사님을……."

나는 언니가 말을 끝내기 전에 비비탄을 연속으로 쐈다. 언니는 몸을 움찔하더니 뒤를 돌아보고 소리를 질렀다.

"아이, ○○!"

전도사님은 깜짝 놀라서 입을 다물지 못했다.

"승혜야, 지금 그게, 나에 대한 마음이야? 내가 잘못 들은 게 맞지?"

전도사님 말에 언니는 두 손을 내저었다.

"제가, 뭐라고 했는데요? 전도사님, 오늘 어디 아프세요. 저는 아직 대답도 안 했는데 왜 그러시는지 모르겠네요. 저는, 전도사님은, 정말 좋으신 분이라고 생각하고 있는 걸요."

전도사님은 고개를 갸웃거렸다.

"내가 방금 말을 잘못 들었나?"

"예? 방금 제가 뭐라고 했는데요?"

"욕을 들은 것 같은데?"

"아이, 욕이라뇨. 어떻게 그런 불순한 걸 입에 담을 수 있어요."

나는 배꼽이 빠지는 줄 알았다. 배가 아파 마음대로 웃을 수도 없었다.

"그래 그럼, 승혜 마음을 자세히 설명해 주겠어? 나는 오래전부터 승혜를 유심히 봐왔거든. 승혜는 얼굴도 예쁘지만 마음은 더 예쁜 사람이야. 승혜에게 난 어떤 사람이지?"

언니는 걸음을 멈추고, 보도블록 사이에 난 풀을 바라보았다.

"승혜 마음을 자세히 말해 주겠어?"

전도사님은 맑은 눈동자로 언니를 바라보고 있었다. 언니는 전도사님의 얼굴을 쳐다보지 못했다. 한참 후에야 붉어진 얼굴로 전도사님을 쳐다보았다. 전도사님은 한껏 기대에 부푼 얼굴이었다.

"저도 오래전부터 전도사님을……."

언니가 막 대답을 하려고 할 때였다. 나는 언니의 똥꼬에 마지막 비비탄을 쏘았다.

"이런, ○새끼가!"

언니가 뒤돌아서서 눈을 부라렸다. 전도사님이 언니의 팔을 잡았다.

"승혜야!"

"가만히 좀 있어 보세요! 똥꼬 아파서 지금 아무 생각도 안 난단 말예요!"

전도사님은 얼굴이 새파랗게 질려 있었다. 그동안 들었던 말이 헛것이 아니었다는 것을 실감한 모양이었다.

"승혜야. 내가 지금 좀 바빠서. 그럼 우리, 다음에 시간 있을 때 이야기하자. 오늘 얘기는 없었던 걸로 생각해도 좋아."

언니가 애타게 전도사님을 불렀지만, 전도사님은 뒤도 안 돌아보고 선교원으로 들어가 버렸다.

언니는 금방이라도 폭발할 것처럼 얼굴이 붉게 달아올랐다.

"누구야! 당장 안 튀어나와! 좋은 말 할 때 나와!"

나는 언니가 별로 무섭지 않았다. 이왕 이렇게 된 거 갈 때까지 가자, 하고는 장난감 총으로 언니를 겨눴다.

"어때 맛이!"

언니는 나를 보더니 눈을 가늘게 뜨고 입술을 떨었다.

"너 잡히면 이빨을 다 뽑아버릴 거야!"

"언니, 그렇게 속 시원하게 살아! 안 그러면 화병 걸려서 일찍 죽는대. 내가 화병 걸려 죽을 걸 살려줬는데 언니도 참. 언니가 내 이빨 뽑기 전에 언니 똥꼬 수술부터 다시 받아야 할 거야. 지렁이도 밟으면 꿈틀한단 말이야!"

언니는 금방이라도 나를 쫓아 올 것 같더니 똥꼬가 아픈지 제대로 걷지도 못했다. 집으로 걸어가는 내내 언니 얼굴이 떠올랐다.

언니는 왜 가면을 쓰고 사는 걸까. 나는 아직 사랑이 뭔지 모르지만 있는 그대로의 모습을 사랑해줄 수 없다면, 그건 사랑이 아니라고 생각한다. 승혜언니는 지금껏 자신의 모습을 있는 그대로 사랑해 줄 수 있는 사람을 만나지 못했나 보다. 그래서 자꾸만 가면을 써야 하는지도 모른다.

언젠가는 언니를 있는 그대로 사랑해줄 사람이 생겼으면 좋겠다. 언니의 얼굴처럼 언니의 말도 예쁘게 변할 수 있도록 만들어줬으면 좋겠다. 내가 비비탄을 쏴서 똥꼬가 아팠던 것처럼, 언니의 말에 아팠던 사람이 참 많았다는 걸 한 번쯤 생각해줬으면 좋겠다.

그 뒤로 언니는 교회에 나오지 않았다. 언니가 없어져서 우리들은 모두 해방된 기분이었지만, 언니가 앉아 있던 자리를 바라보며 전도사님이 우울한 표정을 지을 때마다 언니의 빈자리가 꽤나 크게 느껴졌다.

뽀롱이

나는 옆집에 사는 인혜가 부러웠다. 인혜는 아빠에게 강아지를 선물로 받았다. 나는 강아지가 귀여워 먹을 것이 생길 때마다 가져다주었다.

인혜는 강아지에게 신경을 쓰지 않았다. 강아지에게는 이름도 없었다. 비가 오는 날이면 처마 밑에서 비를 피했다. 나는 강아지가 불쌍해 아빠에게 말했다.

"아빠, 저 강아지 참 불쌍해요. 이름도 없고 집도 없어요."

"푸름이가 지어주면 되지."

"우리 강아지도 아닌데?"

"무슨 상관이야. 우리만 부르면 되지."

나는 한참을 생각했다.

"이름은 푸름이가 지어라. 집은 아빠가 만들어 줄게."

아빠는 강아지 집을 만들었고 푸른색 페인트까지 칠해주었다. 나는 신이 나서 인혜에게 단걸음에 달려갔다.

"인혜야, 우리 아빠가 강아지 집 만들었다."

인혜는 웃으며 말했다.

"고마워. 집이 없어서 걱정했는데."

나는 인혜 얼굴을 똑바로 쳐다보면서 말했다.

"그 대신…… 이름은 내가 지어주면 안 될까?"

인혜는 나를 힐끔 쳐다보더니 퉁명스럽게 말했다.

"그게 뭐 대단한 일이니? 네 맘대로 해."

나는 강아지에게 가장 잘 어울리는 이름을 생각해 보았다. '흰둥이', '흰돌이'는 너무 평범했다.

나는 언젠가 보았던 마법소녀 만화를 떠올렸다. 마법소녀가 마법을 부릴 때마다 지팡이에서 '뾰로롱' 소리가 났다. '뾰로롱' 소리가 날 때마다 소원이 이루어졌다. 나는 강아지가 하는 일마다 잘 되라고, 강아지 이름을 '뾰롱이'라고 붙이기로 했다.

나는 인혜에게 달려가 말했다.

"인혜야, 내가 강아지 이름을 지었어."

인혜는 시큰둥하게 말했다.

"뭐라고 지었는데?"

나는 인혜 눈치를 살피며 말했다.

"뾰롱이."

인혜의 가느다란 눈썹꼬리가 추켜 올라갔다.

"이름이 뭐 그래."

"너 마법소녀 만화 봤지?"

"봤지. 그거 진짜 재밌었잖아."

"그 마법소녀가 지팡이를 흔들 때마다 무슨 소리가 났지?"

"뾰로롱 소리가 났지."

"그래서, 저 강아지 이름도 뾰롱이라고 지은 거야."

"그래? 듣고 보니 괜찮네. 그럼 뾰롱이라고 부르지 뭐."

"내가 개집에 뾰롱이라고 써놓을 테니, 너도 앞으로 뾰롱이라고 불러야 돼."

나는 개집에 분홍색 글씨로 '뾰롱이집'이라고 썼다. 다음 날부터 흰색 강아지를 '뾰롱이'라고 불렀다. 인혜는 뾰롱이 관리를 하지 않았다. 밥도 잘 주지 않았다. 나는 뾰롱이에게 밥도 주고 뾰롱이 집에 담요도 깔아주었다. 얼마 지나지 않아 뾰롱이는 주인보다도 나를 더 좋아하게 되었다.

뾰롱이는 쑥쑥 자랐다. 살도 디룩디룩 쪘다.

내가 인혜에게 말했다.

"야, 뾰롱이는 정말 빨리 큰다."

"똥개는 원래 빨리 큰대. 푸름아, 개에게 너무 정 주지 마. 이 개는 정 줄 개는 아냐."

"왜 정 주면 안 돼? 나는 뾰롱이가 돼지만큼 커진다고 해도 좋아할 거야."

나는 인혜 말을 무시해버렸다. 뾰롱이 눈을 보면 그 누구보다도 뾰롱이가 나를 이해해 주는 것만 같았다.

나는 엄마 아빠한테 혼날 때마다 뾰롱이 집 앞에 쭈그리고 앉아 속상한 마음을 털어놓았다.

"뾰롱아, 너는 내 마음 알지? 뾰롱아, 나도 네 이름처럼 일 좀 잘되게 해줘. 나는 하는 일마다 사고만 치고. 나름대로는 열심히 해 보려고 하는데 어른들은 왜, 나를 안 믿어주는 걸까. 너도 날 안 믿는 거니?"

"멍 멍 멍……"

"너는 믿는다는 거야? 안 믿는다는 거야?"

"멍 멍 멍……"

"믿는다는 거지?"

"끼잉."

뾰롱이는 드러누워 점박이 배를 보여주었다.

"친구는 너밖에 없어."

나는 틈만 나면 뾰롱이와 같이 놀았다.

뾰롱이는 집에 묶어놓지 않았다. 하루 종일 동네를 쏘다니다 돌아오는 날이 많았다.

어느 날 뾰롱이가 집을 나갔다. 뾰롱이는 일주일이 지나서야 돌아왔다.

"뾰롱아, 왜 이렇게 지저분해졌어? 나 알아보겠어?"

뾰롱이는 얼마나 고생했는지 비썩 말라 있었다. 내가 불러도 슬

2012

슬 피해 달아났다.

"뽀롱아, 왜 그래? 도대체 무슨 일이 있었던 거니?"

나는 뽀롱이가 불쌍해 우유를 갖다 줬다. 뽀롱이는 슬픈 눈으로 나를 바라보았다. 그렇게 좋아하던 우유에 입도 대지 않았다.

다음 날 아침부터 뽀롱이가 보이지 않았다. 일주일이 지나도 이 주일이 지나도 뽀롱이가 돌아오지 않았다. 나는 언젠가는 뽀롱이가 돌아올 거라고 믿었다. 그러나 뽀롱이는 돌아오지 않았다.

어디 갔지? 뽀롱이가 어디 간 거지? 뽀롱이가 사라졌는데도 인혜는 조금도 슬퍼하지 않았다. 나는 인혜네 집에서 인형놀이를 하다가 뽀롱이에 대해 물어보았다.

"인혜야, 너 뽀롱이 못 봤니?"

"너희 집 개도 아닌데 뭔 상관이니."

인혜는 쌀쌀맞게 쏘아붙였다. 나는 그런 인혜가 못마땅했다. 기분이 나빠져서 돌아앉았다. 집에 가려고 하는데 인혜가 나를 불러 세웠다.

"뽀롱이 우리 집에 있으니까 걱정하지 마."

나는 깜짝 놀라 인혜를 쳐다보았다.

"뽀롱이가 집에 있었어? 그런데 왜 말 안 했어. 엄청 걱정했는데 말이야. 뽀롱이 어디서 키워? 부엌에서 키워? 뒤뜰에서 키워? 건너방에서 키워?"

"집에서 키우는 건 맞는데…… 네 뒤에 있잖아."

"뽀롱이가 내 뒤에 있어?"

나는 뒤를 돌아보았다. 뾰롱이는 보이지 않았다.

"장난치지 말고. 뾰롱이 어디 있어?"

"뾰롱이 엄청 시원한 데 있을걸."

"뾰롱이가 시원한 데 있다고? 너희 집은 개에게 에어컨까지 틀어줘?"

인혜는 짜증이 나는지 얼굴을 잔뜩 찌푸리고 나를 쳐다보았다.

"저기 냉장고에 있잖아."

인혜는 턱으로 냉장고를 가리켰다.

"뾰롱이가 냉장고에 있어? 뾰롱이가 왜 냉장고에 있어? 너희 집은 개를 냉장고에서 키워? 냉장고가 뾰롱이 집이야?"

"저기 열어 봐."

나는 냉장고를 열고 냉장고 안을 살펴보았다. 냉장고에는 뾰롱이가 없었다.

"어디 있어? 너 장난치는 거지?"

"이 바보야, 신선도실을 열어 봐야지."

나는 기분이 이상해졌다.

"뾰롱이가 왜 여기 들어가 있어? 너 여기다 뾰롱이 숨겨 놨구나. 나 놀래 키려고 여기 숨겨논 거지?"

나는 신선도실을 열었다. 뾰롱이는 보이지 않았다. 거기에는 한약 팩만 가득 들어있었다.

"뾰롱이 어디 있어? 뾰롱이 여기 없는데."

"지금 만지고 있잖아."

"이게 뭐가 뾰롱이야. 이건 한약이지."

"이게 뾰롱이야?"

"그게 뾰롱이야."

나는 인혜를 멀뚱하게 쳐다보았다.

"우리 아빠가 지난번에 개소주 짰어. 그게 뾰롱이 짜서 담아놓은 거야."

나는 가슴이 철렁 내려앉았다. 다리에 힘이 풀려서 무릎이 꺾일 것 같았다.

"정말? 정말 이게 뾰롱이야? 그럼 털은?"

"너는 한약에다 털 넣는 것 봤니? 개소주 짜고 나면 털이 남는데 그건 버려."

"그럼 이게 뾰롱이야? 뾰롱이가 이렇게 된 거야? 뾰롱이, 너희 아빠가 마시는 거야? 어떻게 뾰롱이를 마실 수 있어. 말도 안 돼!"

"너도 어제 마셨잖아."

"내가 언제 마셨어?"

"내가 어제 한약 먹는데 너도 먹고 싶다고 달랬지?"

"그건…… 네가 키 크는 한약이라고 했잖아?"

"그게 뾰롱이였어."

너무 놀라 한참 동안 입이 다물어지지 않았다. 인혜를 노려보면서 내가 말했다.

"그게 키 크는 한약이 아니라 뾰롱이였어? 내가 뾰롱이를 마신 거야? 뾰롱아, 미안해. 내가 너를 마셨다니. 나는 키 크는 한약인 줄 알고 먹었는데. 어떻게 해 어떻게 해."

"너무 걱정하지 마. 그거 먹으면 키 큰대. 키 5센티도 넘게 큰대."

"뽀롱아, 어떻게 해. 우리 뽀롱이……."

"진짜 5센티 큰다니까."

인혜는 짜증을 내며 말했다.

"정말 5센티 커? 정말 정확하게 5센티 커. 조금 더 크지 않고 딱 5센티야?"

"못 커도 5센티는 큰대."

"그럼, 저거 두 개 먹으면 10센티 크겠네?"

"그럴 걸 아마."

"그럼 세 개 먹으면 15센티 커?"

인혜는 입을 앙다물고 고개를 끄덕거렸다.

"그래. 농구선수처럼 키가 많이 큰대."

"와! 저걸 다 먹으면 너 진짜 크겠다."

"내가 먹는 게 아니라 우리 아빠가 먹는 거잖아."

"너희 아빠는 지금도 큰대? 얼마나 더 크고 싶어서 예쁜 뽀롱이를 잡아먹은 거니? 너희 아빠는 정말 욕심쟁이야."

나는 문을 꽝 닫고 인혜네 집을 뛰쳐나왔다. 나를 보며 까만 눈을 깜박거리던 뽀롱이 얼굴이 눈앞에서 어른거렸다.

나는 집으로 달려와 TV를 보고 있는 엄마에게 말했다.

"엄마, 뽀롱이가 인혜네 냉장고에 들어 있어. 어떻게 해."

"개가 왜 냉장고에 들어 있어?"

"뾰롱이가 개소주가 되어 냉장고에 들어 있어."

"내가 그럴 줄 알았다. 성씨 아저씨가 개를 데려 올 때부터 알아봤어."

엄마는 아무렇지도 않은지 TV 화면에 눈을 맞추고 담담하게 말했다.

나는 인혜도, 인혜 아빠도, 엄마도 모두 미웠다. 마법을 부릴 수만 있다면 모두들 바퀴벌레로 만들어버리고 싶었다.

나는 방에 들어가 침대에서 뒹굴었다. 한참을 울고 나니 몸에서 기운이 빠져 나갔다. 자꾸만 졸음이 밀려왔다.

그날 밤, 나는 인혜네 아빠가 뾰롱이를 마시는 꿈을 꾸었다. 인혜네 아빠는 가로수보다도 키가 커버렸다. 네 발로 집 근처를 기어다니고 있었다. 인혜네 아빠 눈에서는 붉은 레이저 불빛이 새어 나왔다.

연탄아저씨

오랜만에 삼겹살 파티가 열렸다. 고기 굽는 연기가 집 안 구석구석으로 퍼졌다. 집으로 어부아저씨들이 모여들었다. 백발 아저씨 손에 정종 한 병이 들려 있었다. 외삼촌은 안방 문을 열고 아저씨들을 맞이했다. 조금 전까지 함께 일했으면서, 아주 오랜만에 만난 사람들 같았다. 외할머니는 안주를 만드느라 부엌에서 꼼짝 못했다. 나는 마루에 걸터앉아 재롱이와 장난을 쳤다. 재롱이는 외삼촌이 연탄아저씨 집에서 선물 받은 '치와와'였다. 재롱이의 눈은 왕구슬이었다. 나는 재롱이의 눈을 볼 때마다 세상에서 제일 예쁜 구슬을 생각했다. 눈처럼 아름다운 구슬은 세상에 없을 거란 생각을 했다.

"유나야, 아저씨 왔다."

연탄아저씨가 집으로 들어왔다. 아저씨는 우리 마을 연탄장수였다. 예전에는 부인과 함께 연탄을 날랐는데, 요즘엔 무슨 일이 있는지 혼자서 연탄을 나른다. 부인과 일할 땐 싱글벙글이었는데, 요즘 아저씨 얼굴은 늘 우울하다. 나는 그런 아저씨를 이해할 수 있을 것 같았다. 누구든 혼자가 되면 웃음을 잃게 된다. 웃을 일이 없게 된다.

연탄아저씨가 내 볼을 살짝 꼬집었다. 나는 인상을 팍 썼다. 내 표정이 우스운지 연탄아저씨가 껄껄껄 웃었다.

"왜 꼬집어요!"

"귀여워서 그러지."

"귀여운데 왜 꼬집어요."

"어허, 귀여워서 꼬집는 대두."

나는 심술이 나서 아저씨 볼을 꼬집어버렸다.

"이 놈 봐라, 넌 왜 꼬집어?"

"너무 새카매서요."

"새카만데 왜 꼬집어."

"좀 씻고 다니라고요."

연탄아저씨가 배를 잡고 웃었다. 외할머니가 부엌에서 나와 버릇없이 굴면 못쓴다고 인상을 썼다. 연탄아저씨는 내 잘못이 아니라고 웃었다. 도대체 아저씨가 왜 웃는 건지 알 수 없어서 나는 더 약이 올랐다. 연탄아저씨 웃음소리를 들었는지 외삼촌이 안방 문을 열었다. 연탄아저씨와 외삼촌은 절친한 친구 사이였다. 외삼촌이 어서 들어오라고 연탄아저씨를 불렀다. 아저씨는 내 볼을 한번 더 꼬집은 뒤 안방으로 들어갔다. 나는 화가 나서 아저씨를 쳐다보지도 않았다.

"재롱아, 담에 아저씨 보면 확 물어버려라."

재롱이가 알았다고 꼬리를 치며 짖어 댔다. 외할머니가 부엌으로 나를 불렀다. 어른들께 고갈비*를 가져다주라고 했다. 연탄아저씨를 볼 걸 생각하니 탐탁지 않았지만, 나는 외할머니가 시키는 대로 고갈비를 들고 방으로 들어갔다. 방 안에서 고기냄새와 술냄새가 진동했다. 아저씨들은 너나할 것 없이 모두 얼굴이 발갰다. 외삼촌과 연탄아저씨는 무슨 심각한 일이 있는지 조용조용히 얘기했다. 술상에 접시를 올려놓고 나오려는데 백발 아저씨가 주머니에서 만 원짜리를 꺼내 줬다. 나는 받아야 할지 말아야 할지 망설였다. 외삼촌은 너무 큰돈을 주면 버릇이 나빠진다고 천 원짜리나 하나 주라고 했다. 나는 백발 아저씨가 외삼촌 말을 듣고 천 원을 주면 어쩌나 내심 걱정이 되었다. 다행히도 백발 아저씨는 외삼촌에게 겨우 만 원 가지고 무얼 그러냐며 내 주머니에 만 원을 쑤셔 넣었다. 나는 백발 아저씨에게 고맙다고 꾸벅 인사한 뒤, 작은 방으로 건너가 저금통에 만 원을 집어넣었다. 지난 달 내 생일날 외삼촌은 돼지 저금통을 선물로 줬다. 나에게 꼬박꼬박 저금을 하라고 했다. 한 푼 두 푼 열심히 모으면 서울로 일하러 간 엄마를 도울 수도 있을 거라고 했다. 나는 엄마를 도울 수 있다는 말에,

---

* 고등어를 반으로 갈라 구워낸 안주

떡볶이를 먹고 싶어도 꾹 참고 저금을 했다. 그래서 이젠 돼지 저금통이 제법 찼다.

"네 마누라 또 가출했다며?"

백발 아저씨의 술 취한 목소리가 들렸다. 나는 작은 방문을 열고 나가려다가 그 자리에 멈춰 섰다.

"그만 하세요, 형님."

외삼촌이 백발 아저씨를 말렸다. 나는 작은 방문을 살짝 열고 안방을 훔쳐봤다. 연탄아저씨가 연거푸 술을 들이켰다.

"네 마누라 집 나간 게 대체 몇 번째냐. 왜 마누라 하나 잡아두지 못하는 거야."

"형님이 뭘 안다고 그러세요!"

연탄아저씨가 백발 아저씨를 향해 버럭 소리를 지르며 일어났다. 백발 아저씨는 자기 말이 뭐가 틀렸냐고 맞붙었다. 곧 큰 싸움이 날 것 같아 나는 가슴을 졸였다. 그때, 외삼촌이 일어나 연탄아저씨를 진정시켰다. 연탄아저씨가 씩씩거리며 일어나 나가버렸다.

"이놈아, 빨리 정신 차려라. 그게 네 살길이다. 살길이야!"

나는 연탄아저씨가 화를 내는 걸 본 적이 없었다. 무슨 일인지 모르지만 백발 아저씨가 너무하다는 생각이 들었다. 나는 작은 방문을 열고 몰래 빠져 나왔다. 연탄아저씨가 집 앞에 세워둔 리어카에서 연탄을 꺼내 집어던졌다. 새카만 연탄들이 산산조각이 났다. 부서진 연탄조각 앞에 주저앉아 연탄아저씨가 아이처럼 울었다.

"내가 얼마나…… 얼마나 믿었는데, 내가 얼마나 사랑했는데……."

주저앉아 우는 연탄아저씨를 보니 내 마음도 슬퍼졌다. 나는 집 앞으로 나가 연탄아저씨 곁에 쪼그리고 앉았다.

"울지 마 아저씨, 슬퍼하지 마. 내가 아줌마 꼭 찾아 줄게요."

나는 외할머니가 내게 해주는 것처럼 아저씨의 등을 두드려주었다. 연탄아저씨가 나를 빤히 쳐다보았다.

"유나야, 네가 슬픔이 뭔 줄 아니?"

연탄아저씨의 눈에 눈물이 그렁그렁 했다. 나는 말없이 고개를 끄덕였다.

"어른들은 참 이상해요. 내가 아무것도 모른다고 생각해. 나는 어른들보다 많은 걸 생각할 수 있어요. 근데……."

"근데?"

"어른들이 조금 더 복잡하게 생각하는 거 같아요."

나는 부서진 연탄 조각을 주워 리어카에 담았다. 연탄아저씨 얼굴처럼 내 손도 시커멓게 변했다. 연탄아저씨도 일어나, 연탄 조각을 주워 리어카에 담았다. 나는 연탄아저씨에게 듣고 싶은 말이 많지만 아무것도 물을 수가 없었다. 부서진 연탄 조각을 다 주워 담자 연탄아저씨가 리어카를 끌고 시장 쪽으로 걸어갔다. 나는 해줄 말이 있어서 연탄아저씨 뒤를 쫓아갔다. 장날이라 시장 안은 사람들로 북적댔다.

"아저씨!"

연탄아저씨가 리어카를 세우고 뒤돌아보았다.

"아저씨, 아저씨 혼자만 알고 있어요."

"……"

"나는 외로울 때 뭔가를 꼭 껴안고 자요. 그럼 잠이 잘 와요."

연탄아저씨 얼굴에 웃음이 번졌다.

"걱정 마라, 유나야. 안 그래도 요즘 연탄을 꼭 껴안고 잔단다."

내 얼굴에도 웃음이 번졌다. 연탄아저씨가 내 볼을 꼬집으며 속삭였다.

"유나야, 내가 운 건 비밀이야."

나는 연탄아저씨를 보며 고개를 끄덕였다.

"알았어요, 아저씨. 그 대신 다음부턴 볼 꼬집지 마세요. 안 그럼 다 불어버릴 거예요."

연탄아저씨가 나를 껴안더니 몸을 막 흔들었다. 나는 연탄아저씨 품에 안겨 꼼짝달싹 못했다.

집에 돌아가면 재롱이에게 연탄아저씨를 봐도 물지 말라고 해야겠다. 혹시 동네를 돌아다니다 연탄아저씨 부인을 보면, 꼭 알려줘야 한다고 단단히 일러둬야겠다.

#5

나는 내가 아니었음 싶다.
나는 내가 없는 곳으로 가서
나랑 만나 살고 싶다.

복숭아꽃 핀 언덕을 넘어가고 싶다.
복숭아꽃 피는 언덕으로 가고 싶다.

— 시, 「복숭아꽃 피는 언덕」 전문

공중전화

현대슈퍼 옆 공중전화에서 외국인 노동자가 전화를 걸고 있다. 그들은 자전거를 타고 오거나 50cc 스쿠터를 타고 온다. 한 시간가량 공중전화에 붙어 주깨다 돌아간다. 바지 주머니에 두둑한 동전을 손에 쥐고 집어넣는다. 그들은 숨도 쉬지 않고 연설문을 외운다. 한밤중에 듣는 전화 거는 소리에 일손을 놓고 커피를 마신다. 동전 떨어지는 소리가 들린다. 무슨 말이 그리 많은가 싶다가도, 조금씩 그들을 이해하기에 이른다. 내가 알아들을 수 있는 말은 하나도 없다. 같은 톤으로 주깨는, 그들의 일방적인 목소리를 듣다보면 물결 잔잔한 갯가에 앉아 있게 된다.

현대슈퍼 앞에는 파라솔이 있다. 공중전화 차례를 기다리며 캔맥주를 마시는 외국인 노동자들은, 어둠 속에 묻혀 있다. 각기 다른 말을 쓰는 그들은 무슨 생각을 하고 있나. 나는 아직도 공중전화 수화기가 올려진 걸 보면 뛰어가고 싶다. 누구나 하고 싶은 말이 밀려있기 마련이다. 나는 가슴 속에 쌓아둔 말이 풀리는 걸 지켜본다. 그들은 엉키고 엉킨 실타래를 풀어 그리운 사람에게 가고 있다. 그들은 실컷 주깨다 눈물이 핑 돈 얼굴이 되곤 한다. 한참 동안 수화기를 들고 서 있는 외국인 노동자를 본다. 그리움이 없다면 이곳에서의 생활을 어떻게 이겨낼 수 있을까? 그리움이 없다면 이곳에서의 삶을 어떻게 이겨낼 수 있을까?

그 겨울, 천변풍경

이제 그 눈물 속에서 보낸 밤들을 돌려보낸다
흐르는 강물아, 썩어 흐르는 강물아 그 깊은 밤들은 이제
끝이다 나는 지금 흰 모래에 섞여 빛나는 너의 눈빛을
갖고 있지만, 너를 만날 수는 없다 흐른 뒤 무거운 강물아
말 못하는 너의 손을 잡고 바다까지 따라갔던 일을 잊는다
이제는 추억을 버려야 살 것 같다 어느 한순간을 지배하던 아픔도
정들었다 어디로 갔느냐 나는 지금 겨울이다 강둑에 앉아 마른
풀을 만지며 흘러가지 않는 구름들을 본다, 전할 말 없느냐

— 시, 「砂金」 전문

*

개천을 따라 걸었다. 개천가에 싸리나무와 달맞이가 누런 대를 흔들었다. 소나기 퍼붓는 소리를 내던 미루나무들도 앙상하게 하늘에 뻗쳐 있었다. 하늘은 회색이었다. 나는 보들레르의 시 「우울」을 암송하고 있었다. 뭉툭하게 솟은 길의 이랑을 따라 시든 풀들이 흔들렸다. 개천의 물은 얼음 밑에서 흘러갔다. 급하게 작두질을 해댔다. 기차가 지나가고 있었다. 서로를 들이박기 위해 전력 질주해온 기차가 비켜가고 있었다. 새로운 풍경이 펼쳐지고 있었다.

붉은 벽돌집이 유난히 많은 읍내의 본모습이 드러났다. 나는, 그곳과 일정한 거리를 두고 걸었다. 그곳에 가지 않아도 좋았다. 그곳까지 걸어갈 필요가 없었다. 나는 추억 속의 유랑민이었다. 추억의 시간들은 몇 번이고 바다까지 흘러간 뒤였다. 지금도 지진은 시작되고 있으나 발원지는 사라지고 없었다. 나는 추억 속을 걸을 수 없었다. 이 길을 걸어 추억 속에 이르고자 한 것도 아니다. 추억 속에서 상상의 영역은 소멸되고 없었다. 내가 추억 속을 걷고자 했다면, 바다에서부터 거슬러 올라와야 했으리라. 하지만 나는 물을 따라가고 있었다. 밤보다도 지독한 얼음 속의 물빛, 얼음은 하얗게 이어져 군데군데 검은 웅덩이를 만들어놓았다. 거품들이 부글거리며 끓고 있는 웅덩이는 솟구쳐 올랐다. 길은 개천을 따라 구부러지기도 했고 반듯하게 펴지기도 했다. 그 길에는 사람도 없었고 사람의 발자국도 없었다. 경운기의 바퀴 자국이 길의 두 골에 깊게 파여 있었다. 뒤에서 바람이 불고 있었다. 어서 지나가거라, 어서 지나가거라, 다시는 오지 말거라. 전깃줄에 걸린 바람이 신음소리를 냈다. 눈보라가 환하게 허공을 금 긋고 있었다. 눈보라는, 나를 눈사람 속에 가두어놓기에 역부족이었다. 기온은 영상과 영하의 저울 위에 수평을 이루고 있었다. 나는 길의 이랑 위를 걸어갔다.

논들은 대부분 직사각형이었다. 두엄을 군데군데 쌓아놓은 것이 바다의 섬들 같았다. 멀리 배나무 과수원이 보였다. 배나무 과수원은 꿈을 꾸고 난 뒤의, 어떤 풍경처럼 희미해져 있었다. 과수원 아래 붉은 기와집들이 올망졸망 모여 있었다. 붉은 기와집들은 지루하게 희뿌연 연기를 끌어올렸다. 그 연기들은 눈보라에 지워지지 않았다. 그 연기들은 영원히 지지 않을 얼룩 같았다. 눈보라는 하늘이 내리는 저주 같은 것이었다. 연기들은 하늘의 저주를 뚫고 느긋하게 하늘로 솟았다. 언덕 밑에 신음하고 있는 집들이 상처를 위로받으러 가고 있었다. 영혼이었다.

*

직산에는 연탄 공장이 자리 잡고 있었다. 산더미같이 쌓아올린 탄 더미 위에 국방색 포장이 덮여 있었다. 그쪽 풍경은 걸어갈수록 어둑어둑해져서 어둠이 깔리는 것 같았다. 나는 파카 소매를 걷어붙이고 시계를 보았다. 한나절이 겨우 지난 시간이었다. 내가 가고자 했던 곳은 음산한 하늘 밑에 있었다. 나는 그만 걸음을 멈추고 말았다. 거기까지 걸어가서 확인할 무엇이 있는 것도 아니었다. 만나야할 사람이 있는 것도 아니었다. 나는 개천에 걸쳐진 다리를 바라보았다. 개천 건너에도 내가 걸어왔던 것과 비슷한 길이 있었다. 그 길도 이 길과 마찬가지로, 텅 비어 있었다. 길과 길 사이의 얼음 위에서, 눈이 날렸다. 사람들로부터 얼마만큼 멀어져야 완전히 벙어리가 될 수 있을까? 바람보다 차가운 체온을 가져야 춥지 않을까. 이렇게까지는 되지 않을 거라 믿었어야 서러움이 북받칠 것이었다.

나는 직산까지 가지 못했다. 아니, 가지 않았다. 그곳에서 만날 것은, 어쩌지 못한 회한뿐이었다. 나는 뒤를 돌아볼 뿐이었다. 거기에 사금이 있을 턱이 없었다. 나는 무너져 내린 하늘을 바라보았다. 나는, 어느새 초상집 마당에 쳐진 포장 속에 들어와 있었다. 누가 죽었던가? 나는 추억 속에서 실종된 한 사람을 찾고 있었다. 사금이 눈물 속에서 반짝반짝 빛나고 있었다. 눈물 속에서, 뜨거운 햇볕이 모래 언덕을 달구고 있었다.

쓰르라미

컴퓨터 자판에 얼굴을 묻고 잔 아침, 샌드위치 판넬로 칸막이를 친 사무실 창문은 열려 있었다. 쓰르라미 한 마리 열어놓은 창문 펄럭이는 커튼에 붙어 울고 있었다.

간단하게 세면을 하고 김밥 두 줄 사 먹고 돌아온 사무실, 창문 커튼에 쓰르라미가 붙어 울고 있었다.

하루 종일, 쓰르라미 울음을 듣고 싶은 바람. 일주일, 쓰르라미 울음을 틀어놓고 듣고 싶은 바람. 창문을 닫고 커튼을 내렸다. 쓰르라미는, 커튼 뒤쪽에 앉아 있었다. 한 번만 짧게 울어 주었다.

스탠드 불을 켜놓고 잔 게 잘못이었다. 가끔씩 참매미가 날아들었다. 언젠가는 스탠드 옆에 뒤집혀 파닥이는 참매미를 종이컵 안에 가둬두었다. 참매미는 밤새 꼼짝 않고 있었다. 아침에 일어나 창밖으로 내던졌다. 그때서야 울음을 끌고, 어디론가 날아갔다.

쓰르라미는 더 이상 울지 않았다. 나는 쓰르라미를 잊고 있었다. 열린 창문 틈이 있어 비집고 날아갔다고 생각했다.

쓰르라미를 발견한 건 한 달 뒤였다. 소파 밑을 청소하다 쓰르라미를 보았다. 뒤집혀 발들을 웅크리고 있었다.

내가 집착한 건 쓰르라미 울음만이 아니었다. 누군가를 가둬두고 싶어 안달한 적이 한두 번이 아니었다. 나는 일주일을 사는 쓰르라미를 한 달이 넘게 잡아두었다.

육교 밑

담장 높이 피어난 개나리
거기 담이 있음을
새삼 확인시켜준다.

너의 얼굴은 보이지 않고
너의 옷이
너와 만난 그 시절의
오후 시간의 끝없는 길이
눈앞에 펼쳐진다.

눈을 감아라.
뒤돌아서라.

노란 머릿속 물이
빠져나갈 때까지
뛰어가라.

— 시, 「개나리」 전문

강풍을 동반한 폭우가 들이치는 길을 달렸다. 개나리가 옹벽을 덮었다. 머릿속에 노란 물이 들고 단무지 조각이 떠다녔다.

분식집에 들어가 라면을 먹고 싶었다. 계란을 푼 라면국물에서 면발을 건어 올리고 싶었다. 면발을 한 입 물고 후후 불고 싶었다. 안경알에 김이 끼어 앞이 보이지 않았다.

육교 앞 분식집 지저분한 풍경은 지워지고 면발 건어 들이는 소리만 들렸다.

네가 라면을 먹는 동안, 나는 너를 상상하고 있었다. 단무지 조각을 조금씩 떼어먹는 모습, 국물을 마시며 눈을 크게 뜨고 나를 쳐다보는 모습, 동그랗게 모은 입으로 면발 몇 가닥 젓가락에 감아 빨아들이는 모습, 나는 냅킨을 꺼내 안경알을 닦았다. 나는 분식집 문을 열고 나가 담배를 피웠다. 네가 라면을 마저 먹을 때까지 분식점 앞을 서성거렸다. 내가 보지 않으면 후르륵후르륵 금세 먹지 싶었다. 옷에 국물이 튈까 얼굴 화장에 국물이 번질까 주의를 멈추지 싶었다. 그러나 그렇지가 않았다.

나는 잘못 알고 있었다. 나는 그새를 기다려주지 못했다.

너는 라면을 반이나 남겼다. 반이나 남은 라면그릇에 젓가락을 찔러 놓고 내가 돌아오기를 기다렸다. 나는 너를 내숭이나 떠는 여자로 알고 있었다. 혼자 먹으면 맛이 없어진다는 거, 너에게만은 예외인 줄 알았다. 그게 아니었다. 나는 그새를 기다려주지 못한 사람이었다.

분식집 수증기 자욱한 창문이 떠올랐다. 너에게 묻지 않은 말이 너무 많았다. 나는 모든 걸 내 식으로 짐작하고 판단했다. 눈에 보이는 만큼 생각하기 편한 만큼 너에게 다가갔다.

강풍을 동반한 폭우가 들이치는 길을 달리고 있었다. 그런데, 갑자기 강풍과 폭우가 사라졌다. 나는 깜짝 놀라 급브레이크를 밟았다. 뒤따르던 차들이 줄줄이 급브레이크를 밟았다. 나에게 삿대질과 욕바가지가 퍼부어졌다.

나는 잠깐 육교 밑을 지나온 것이었다.

반 지하

창문을 열어놓은 게 잘못이라면 잘못이었다. 빌라 화단 폭은 어른 손으로 세 뼘이나 될까 말까한 것이었다. 전면주차 팻말이 붙어있긴 해도 제대로 지켜지지는 않았다. 방문객들의 차는 대부분 화단 쪽으로 꽁무니를 대고 있었다. 좁다란 빌라 주차장은 대낮에는 텅 비어 있었다. 야채장수나 생선장수 과일장수 트럭이 와서 주차해 놓고 호객행위를 하고 있었다.

푹푹 찌는 여름 한낮이었다. 반 지하에 사는 아줌마는 아이를 데리고 슈퍼에 갔다 돌아오고 있었다. 열어놓은 반 지하 창문에 연통을 갖다 대고 야채장수 트럭이 주차해 있었다. 야채장수는 박스 때기로 햇볕을 가리고 에어컨을 틀어놓고 잠이 들었다. 반 지하 집에 들어온 아줌마는 또 불이 난 줄 알았다. 온 집안이 매연으로 가득 차 있었다. 몇 번이나 있던 일이었다.

아줌마는 주차장으로 달려 나가 야채장수 아저씨를 들고 깨웠다. 야채장수 아저씨는 무슨 일인지 몰라 어안이 벙벙해졌다. 아줌마는 다짜고짜 야채장수 아저씨의 멱살을 잡아끌었다. 아줌마는 야채장수를 반 지하 집으로 끌고 들어갔다.

"눈이 있으면 똑바로 봐라 인간아. 이렇게 해놓고도 잠이 오더냐. 이 썩을 인간아!"

아줌마는 반 지하 집에 야채장수 아저씨를 밀어 넣고 문을 닫아 버렸다.

"이 썩을 인간아, 입장을 바꿔놓고 생각해 보라고!"

야채장수 아저씨는 문을 열고 나오려고 악을 썼다. 아줌마는 계단 난간에 발을 붙이고는 있는 힘껏 문을 밀었다.

"어떻게 살라고, 집 안에 매연을 풀어놔! 네가 우리 입장을 눈곱만큼만 생각했다면 이렇게는 안 했을 거야!"

누구 하나 달려들어 말리는 사람이 없었다.

누군가가 야채트럭 시동을 끈 모양이었다. 야채장수 아저씨는 반 지하 창문으로 얼굴을 내밀고 숨을 몰아쉬었다. 야채장수 아저씨 얼굴은 연탄장수 아저씨가 되어 있었다.

악을 써대던 아줌마는 빌라 계단에 앉아 흐느껴 울었다. 영문도 모른 채, 엄마 치마를 잡고 울던 아이는 엄마 등에 매달려 눈을 비비고 있었다.

처음 본 벌레가

처음 본 벌레가 대가리를 한껏 쳐들고 방문 곁으로 기어간다. 아니 기를 쓰고 걸어간다. 내 마음은 어서 벌레를 치워줄 것을 간절히 원한다. 하지만 나는 꾸물거리기 선수다. 손마디 하나 크기도 안 되는 벌레가 하루 종일 기어가 봤자 얼마를 가겠어. 담배연기 빠지라고 열어둔 방문 틈새로 걸어 나가 봤자, 영하의 날씨가 기다리고 있지 않은가. 다시 유턴해 돌아올 것이 분명하지 않은가. 그래도 담배연기가 영하의 날씨보다 장수에 이롭다는 걸 깨우치기 위해 벌레는 볼썽사납게 새까만 대가리를 둘레둘레 쳐들고 걸어간다. 벌레라는 놈에게도 마음이 있다면, 지금 벌레 마음이 뭘 바라는 게 분명하다. 벌레는 나보다 몇 배는 나은 놈이다. 마음이 가자는 대로, 하자는 대로 벌레는 다닥다닥 발을 움직여 걸어간다.

오래 피어 있는 꽃

아파트 단지를 돌다 오래 피어 있는 장미꽃을 보았다. 혹시 하는 마음에 향기를 맡아보았다. 흉하게 꽃잎이 떨어져나간 장미꽃 무리. 내가 원한 것은 향기가 아니었다. 설렘도 없이 견디는 자의 모습이었다. 그 자체로도 지독히 붉고 아름다웠다. 이가 휑하니 빠진 사람의 모습이었다. 코를 벌렁거린 내 자신이 부끄러웠다. 어쩔 수 없이, 하염없이. 노지露地의 장미꽃은 어떤 의미가 아니었다.

식탁 위에 올려진 플라스틱 화분에서 소국小菊의 봉오리들이 벌어진다. 나는 소국의 뿌리가 보고 싶다. 자잘한 봉오리들이 더디게 벌어진다. 불투명한 화분 속을 보고 싶다. 소국의 봉오리들은 반복되지 않을 것이다. 누가 말라비틀어진 화분을 집 안에 모셔놓고 기다릴까? 좁은 화분을 파먹는 소국의 뿌리들이 머릿속을 점령한다. 어딘가에 옮겨 심고 싶은 충동을 느낀다. 어떤 경로로 여기까지 왔는지 모를 소국 화분. 그 자리에 그대로 놓여 있다. 누가 자신의 몸과 마음을 들어올릴 수 있을까? 바꿔놓을 수 있을까? 세 줄기의 대에서 벌어지는 봉오리들을 들어올린다. 화분 속을 꽉 채웠을 뿌리들을 들어올린다. 무게가 느껴지지 않는다.

여섯 권의 시집과 새로 낼 시집 원고를 뒤적거린다. 어떻게 여기까지 왔을까? 어떻게 숨 쉴 수 있었을까? 나는 육지 한가운데서 염전의 소금을 꿈꾸었다. 완전한 소금 덩어리가 되는 육체를 꿈꾸었다. 그러나 나는, 그렇게 살아갈 엄두를 내지 못했다. 내가 살아온 날들은 모두 폐허였다. 내가 사랑한 모든 것을 폐허로 만들었다. 걸어온 길이 보이지 않는다. 걸어갈 길이 보이지 않는다.

영국의 어느 섬에는 술을 먹는 사람이 없다고 한다. 술이 뭔지 모르고 대대로 살아온 그들의 생이 그저 궁금하다.

청개구리가 운다

*

천수초등학교에는 묘목 크기로 전지된 무궁화나무 울타리가 있었다. 울타리 밑에는 토끼풀이 파란 혁대를 두르듯 자라고 있었다. 그곳은 청개구리가 살기 좋은 환경이었다.

초등학교 5학년 때의 일이었다. 지금은 이름도 잊힌 일 년 후배가 있었다. 도회지에서 전학 온 아이였다. 그 녀석은 얼굴이 유난히 희고 고왔다. 그 녀석은 내가 다가가면 입 안에 넣고 있던 청개구리를 손바닥 위에 꺼내 보였다. 나는 번번이 속이 뒤틀렸고 구토가 목까지 치밀었다.

"버리지 못해!"

내 명령에도 불구하고 그 녀석은 청개구리를 도로 입 안에 넣고 입을 꼭 닫았다. 얼굴에는 장난기가 가득했다. 나는 청개구리처럼

숨이 막혀 죽는 줄로 알았다. 녀석은 참 희한한 취미를 가지고 있었다. 청개구리 몸이 차가워 입 안에 넣어 따뜻한 온기로 데워 주고 싶다는 게 그 녀석의 변명이었다. 비린내가 입 안에 가득 찬 것 같이 느껴졌다. 녀석은 침을 뱉는 일이 없었다. 나는 속이 메스꺼워 견딜 수 없었다. 후다닥 녀석 곁에서 도망치는 게 상책이었다.

그런 짓만 안 했다면 녀석은 참 깨끗한 이미지로 다가올 인상이었다. 녀석에게 병이 있다는 걸 안 것은 어느 여름날 저녁 밥상머리에서였다. 녀석은 하드를 입에 달고 살았다. 어차피 죽을 거 소원대로 하드나 실컷 먹고 가게 한다는 것이었다. 녀석의 집에는 스티로폼 아이스박스까지 구비되어 있다는 것이었다. 녀석은 끊임없이 찬 것을 먹어야 견딜 수 있는 병을 앓고 있었다.

지금 생각해 보면 식도 계통의 불치병이 아니었나 싶다. 녀석과 만난 시간은 불과 몇 개월이 되지 않는다. 녀석은 하드를 원하는 만큼 먹지 못하고 저 세상으로 갔다.

청개구리가 울 때면, 녀석의 입속에 들어앉아 캄캄함, 답답함을 홀로 견뎠을 그 옛날의 청개구리와 그 녀석의 투명에 가까운 얼굴이 생각난다. 나는 이제 녀석의 얼굴을 다시 그려 내지 못한다.

*

며칠 전 강원도 홍천에서 청개구리를 잡아다 기르는 초등학교 6학년 여자아이의 이야기를 전해 들었다.

그 친구의 아파트 베란다에는 포도넝쿨이 있어, 그곳에서 청개구리를 기르고 있었다. 베란다 문을 열어 놓으면 거실까지 폴짝폴짝 뛰어 들어온다. 하루는, 친구들이 놀러 와 청개구리가 귀엽다며 돌려가면서 만졌던 모양이었다. 청개구리는 맥없이 늘어져 거실에 누워 있었다.

저녁이 되었는데 청개구리를 데리고 나간 여자아이는 돌아오지 않았다. 걱정이 되기 시작한 어머니는 아버지에게 전화를 걸어 자초지종을 말했다. 아버지는 어머니에게 베란다 아래 풀밭을 내다보라고 했다. 아니나 다를까, 여자아이는 실신한 청개구리를 두 손바닥에 올려놓고 꼼짝 않고 서 있었다. 여자아이는 감쪽같이 깨어난 청개구리를 데리고 돌아왔다.

여자아이 말로는 잊고 있던 풀 냄새를 맡게 해서 청개구리가 깨어났다는 것이었다.

사과

플라스틱 쌀통 위에 사과 다섯 알이 앉아 있다. 사람으로 치면 꼭지 부분이 밑이고 꽃 진 부분이 위다. 위 부분이 얼굴 같다. 어찌 보면 배꼽 같다. 씨가 몇 개 있을까? 그런 걸 생각하는 것 자체가 불순하다. 사과를 몇 번 갈랐을까? 나는 사과 씨를 심은 적이 없다. 씨가 박힌 부분을 도려내 버렸다. 씨가 둘 있었던 것 같다. 씨가 눈처럼 쳐다봤던 것 같다. 버리지 마, 버리지 마, 눈으로 말했는지도 모른다는 생각이 든다. 버리더라도 땅속에 버려줘. 그렇게 마지막으로 애원했을지도 모른다. 아무렇게나 버린 사과씨 눈들이 눈앞에 어른거린다. 넌 단물만을 탐한 놈이다. 넌 짐승이다. 날씨가 영하로 떨어져도 베란다 문을 닫아주지 않는 놈이다. 담배연기가 차야 방문을 잠깐 열어놓는 놈이다.

제발 밥 좀 해먹어라. 우리를 가끔씩 들썩거려줘라.

조롱박

가을이 되어 돼지 움막 지붕에 조롱박들이 올라앉아 있다. 갓난 아기 얼굴에 난 솜털 같은 것이 조롱박을 쳐다보는 마음을 아리게 한다. 아침을 때우고 바깥 마루에 앉아 찻길을 바라본다. 밤나무 그늘에 가려 늦은 햇살을 받은 조롱박, 솜털 끝에 이슬을 꿰어 들고 글썽거리는 눈으로 날 원망하고 있다. 그 동안 어디서 살았는지 묻고 있다. 가슴 언저리가 꾹 찔린다. 아직 열매 맺지 못한 꽃이 하얗다. 나는 이제 어찌 되느냐 묻는 것도 같다. 아니 나를 어찌 할 거냐, 빤히 쳐다보는 것만 같다.

무슨 꽃씨나누기 행사에서 한 봉지 얻어다 어머니 손을 빌려 심은 것이다. 듬뿍 거름을 넣었다. 조롱박들은 크고 튼실하다. 슬레이트 지붕에 까맣게 낀 때와 곰팡이 위에 둥지를 튼 조롱박을 보는 나는 막막하기만 하다. 무책임하다는 생각이 들어서만은 아니다. 두 쪽으로 쪼개져야 무엇인가를 담아줄 수 있는 조롱박의 운명 때문만도 아니다.

나는 나를 쪼개서 사용할 사람에게 갈 수 없다. 나를 받아줄 사람이 없다. 나는 어디론가 가지 않으면 안 될 처지다. 내 뿌리는 집에 있는데 나란 조롱박은 뿌리를 떠났다. 조롱박은 뿌리 근처에 퍼져 있는데 내 욕망의 가느다란 줄기들은 가보지 않은 곳이 없다. 나는 저녁때 집을 떠난다. 부모님 또한 떠나는 나를 오래는 잡지 못한다. 고작, 내일 새벽에 가면 어떻겠냐 묻는 정도다.

어떤 피해망상

길가에 엎드린 승용차 보닛이 들어 올려져 있었다. 깨진 유리와 열린 문짝들로 보란 듯이 날개를 펴들고 멈춰 있었다. 찌그러진 타이어들. 써먹을 것이란 모두 도난당한 승용차. 이 길을 지날 때마다 나를 사로잡았다. 커브길 바깥에 멈춰 선 승용차. 나를 형체만 보존한 인간이라 말하는 듯했다. 안에 쓰레기를 가득 채우고 승용차가 엎드려 있었다. 누가 나를 저렇게 버려놓았을까. 누구들이 나를 저렇게 만들어 놓았을까, 마음껏 부렸을까. 나는 다 어디로 간 것일까.

어느 날엔가 승용차는 치워지고 없었다. 그가 몇 달이고 엎드려 있던 자리엔, 그가 가지고 있던 쓰레기들이 너저분하게 흩어져 있었다.

아직 준비가 안 됐다

내게로 지게차가 달려오더니, 바로 앞에서 좌회전을 한다. 순식간에 일어난 사건이다. 나는 어찌할 바를 몰라 그 자리에 그대로 서 있었다.

운전기사는 아무렇지도 않게 칠성사이다 박스 더미를 번쩍 들어 올려 트럭의 짐칸을 향해 달려간다. 지게차 뒤에 가스통이 실려 있다. 지게차 기사는 아무런 짓도 하지 않았다. 하지만 나는 두 발목 중 하나를 찍힐 뻔했다. 나는 고작 비명을 지를 준비를 하고 있었다.

은행나무를 잘 타는 고양이

사람들은 집에 얹혀사는 걸 포기한 고양이를 뭉뚱그려 '도둑고양이'라고 부른다. 자신들이 뭐 그리 도둑맞고 산 게 있다고 호들갑을 떤다. 사람들이 자신들을 '도둑괭이'로 부르는 걸 안다면 고양이들은 사람들을 도둑놈, 또는 도둑년이라 부르고 있을 것이다. 사람들이 그렇게 부르는 걸 괭이들이 안다면 사람을 만날 때마다 에이 도둑놈, 에이 도둑년 한 번씩 소리를 지를 것이다.

고양이 울음은 사람들을 참 기분 나쁘게 만든다. 특히 비 오는 밤에 듣는 앙칼진 고양이 울음소리는 잠 한숨 못 자게 만든다. 자신이 그동안 먹었던 먹이를 다 토해내는 듯한 느낌을 받는다. 온몸으로 소름이 쫙 끼친다. 제멋대로 사는 도둑고양이들은 대개가 살이 뒤룩뒤룩 찐 모습이다.

나는 그 고양이가 은행나무를 타는 걸 몇 번 목격한 적이 있다.

뭐 먹을 거라도 은행나무 위에 숨겨 놓았나? 은행나무 위를 샅샅이 뜯어보았으나 아무것도 없었다. 은행나무는 수컷이었다. 은행알이 열렸을 리도 없었다. 나는 고양이가 은행나무를 그렇게 잘 탈 줄은 예상하지 못했다. 기껏해야 2~3미터 치고 올라갔다 뚝 떨어질 줄 알았다. 고양이는 신나게 뛰어와 껑충 뛰어 은행나무 거죽에 찰싹 붙었다. 고양이는 발톱을 세워 찍듯이 은행나무에 올랐다. 중간쯤 가지에 앉은 고양이는 밑을 수색하고 있었다. 지켜보는 나 같은 건 상관하지 않았다. 한참 밑을 훑어본 고양이는 벼락이 치듯이 후닥닥 낭떠러지를 타고 내려와 사라졌다.

별 희한한 고양이도 다 있었다. 그 고양이털은 싸구려 누런 장판 색이었다. 그래서 수직을 수평처럼 다닐 수 있는 게 아닌가 생각했다.

은행나무는 수령 이십 년이 되었다. 고양이는 이십 년을 산 은행나무의 높이를 순식간에 반 이상을 치고 올라갔다. 기껏해야 십 년도 살지 못한 주제에 아주 건방지기 짝이 없는 고양이였다.

언젠가 놀이터를 지나던 길에 테러 당하는 고양이를 보았다. 고양이는 덩치가 큰 고양이에게 할퀴고 물어뜯기며 데굴데굴 구르며 암팡진 울음소리를 질러대고 있었다. 풀이 수북이 자란 놀이터는 고양이 비명소리로 일그러지고 있었다.

운 좋게 빠져 나온 고양이는 미친 속도로 내달리기 시작했다. 고양이는 은행나무를 타고 올라갔다. 은행나무 가지 위에 앉은 고양이는 자신의 털을 핥았다. 들킬까 두려워 울음소리를 마음대로 내지도 못했다.

뒹구는 돌은 언제 잠 깨는가

보들레르와 이성복李晟馥은 내게 시를 쓰도록 강요한 사람들이다. 그들이 먼저 태어나 시를 쓰지 않았던들, 나는 시를 써보겠다고 매달리지도, 그런 엉뚱한 꿈을 꿀 수도 없었을 것이다. 이성복의 첫 시집 『뒹구는 돌은 언제 잠 깨는가』를 처음 만난 것은 85년 봄이었다. 그 시집의 출판년도는 80년이었다. 그 시집이 나오고 5년이 지난 뒤에 나는 비로소 그를 알게 되었다. 처음엔 어떻게 읽어야 할지 엄두가 나질 않았다. 몇 번인가 읽기를 그만 두지 않을 수 없었다. 하지만 그 시집에 실린 시들 중에는 나를 사로잡고 놔두지 않던 구절이 몇 군데 있었다. 나는 그런 부분에 밑줄을 치기 시작했다. 『뒹구는 돌은 언제 잠 깨는가』를 가방에 넣고 다녔다. 가끔씩 가방을 어딘가에 놓고 왔고, 취중에 누군가에게 선물로 주기도 했다. 내가 지금 가지고 있는 『뒹구는 돌은 언제 잠 깨는가』

는 26쇄이다. 그는 처음부터 나를 어리둥절하게 만들었다. 그는 나를 별천지로 이끌고 가서는 희귀한 것들 속에 숨어있는 희귀한 것들을 볼 수 있게 해주었다. 그는, 삶은 어떻게든 견뎌야 하는 거라고 일러주었다. 그는 또 어디로든지 끝까지 가라고 일러주었다. 내가 『뒹구는 돌은 언제 잠 깨는가』에서 제일 먼저 읽은 것은 아픔이었다. 그는 뒤표지 글에 이렇게 적어놓았다. '망각은 삶의 죽음이고, 아픔은 죽음의 삶이다'라고. 『뒹구는 돌은 언제 잠 깨는가』에 실린 대부분의 시는 진술형에 맞춰져 있었다. 그 진술들은 대단히 절제되어, 아픔을 말하고 있지만 아픔 자체에 머물러 있지 않았다. 그의 시는 속도가 굉장히 빨라서 멈칫하는 사이에 어디로 가버렸는지 알 수 없었다. 연상이 연상을 불러 이어져 가는 그 속도는 놀라울 정도였다. 어디로 갈까? 어디로 따라가야 하나? 나는 그를 따라가다 번번이 주저앉고 말았다. 숨이 턱까지 차올랐기 때문만은 아니었을 것이다. 그는 숨쉴 틈도 주지 않았지만 어디로 가는지, 언제까지 달려갈지 끝까지 따라가 보지 않고서는 알 수 없을 것 같았다. 나는 그를 따라가기를 포기하고 말았다. 그런 뒤에 이렇게 썼던 기억이 남아 있다. '길들은 구부러져, 엉켜, 무엇을 묶을 수도 없었다. 구부러진 채 생각에 잠기게 했다.' 그때, 내게는 희망이 있었다. 그처럼 시를 써내는 것이 내가 가진 유일한 희망이었다. 그건 처음부터 불가능한 일이었지만, 내게 끝없이 이를 악물게 하는 힘을 주었다. 나는 언제부터인가 그를 따라갈 수 없음을 알았다. 그가 간 길을 따라가는 대신, 나는 그 길을 비켜가지 않을 수 없었다. 보들레르는 인생의 병원에 입원시켜 주었고, 나는 거기서, 이성복이라는 의사를 만났다. 『뒹구는 돌은 언제 잠 깨는가』를 백 번쯤 읽었을 때, 그 동안 읽었던 시들은 맛이 없어서 다시는 찾지 않는 식당으로 변했다. 나는 그에 대해 13년을 상상해 왔다. 그의 시집들은, 내가 빠져든 종교의 경전이었다. 그의 첫 시집 『뒹구는 돌은 언제 잠 깨는가』는, 나를 그 종교에 빠지게 만든 입문서 같은 것이었다.

불행보다 먼저 일어나는 아침

초판 1쇄 인쇄 2012년 11월 15일
초판 1쇄 발행 2012년 11월 22일

지은이 이윤학
펴낸이 김석봉
디자인 조동욱

펴낸곳 문학의전당
출판등록 제311-2012-000043호
주소 서울시 은평구 연서로11길 7-5 401호
편집실 서울시 마포구 공덕2동 404 풍림VIP빌딩 413호
전화 02-852-1977
팩스 02-852-1978
블로그 http://blog.naver.com/mhjd2003
전자우편 sbpoem@hanmail.net

ISBN 978-89-98096-09-0 03810